Scratch + Arduino = Coding Playground

스크래치+아두이노 = 코딩놀이터

이혁수 지음

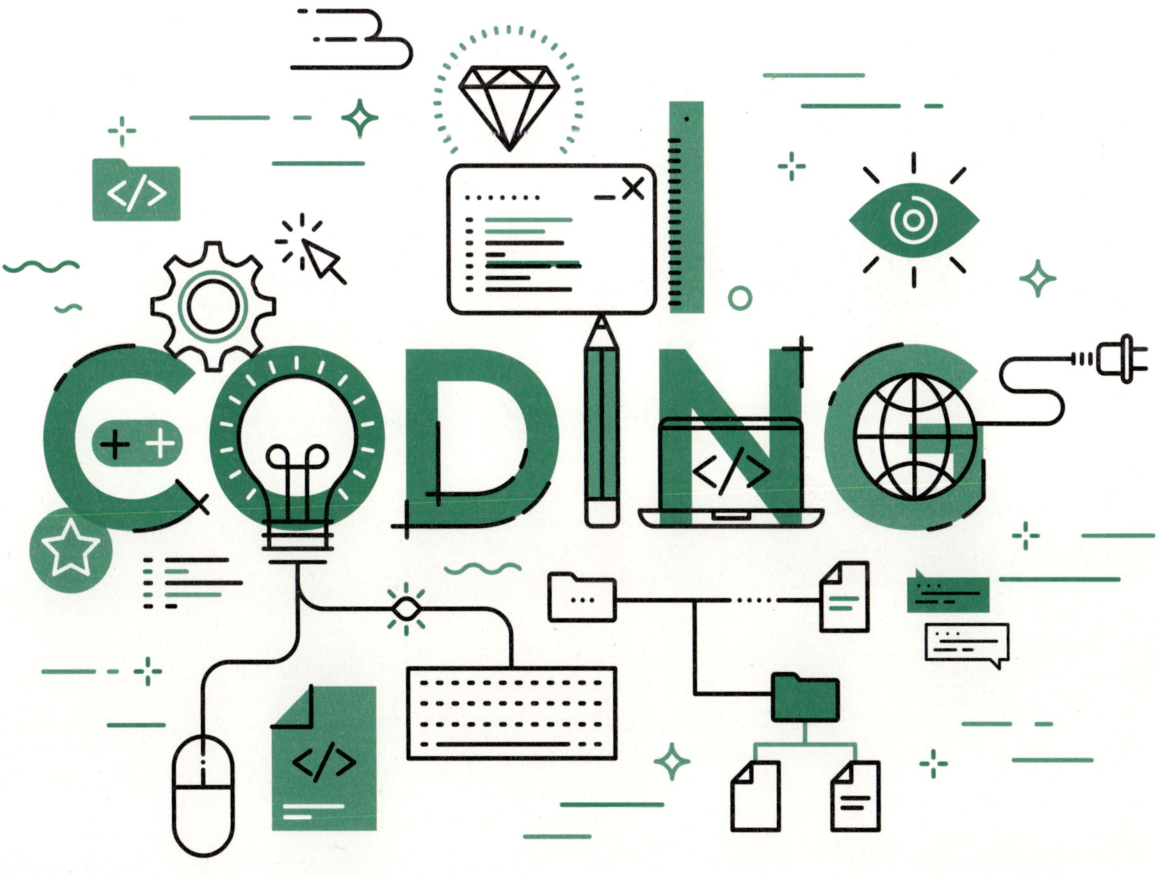

홍릉과학출판사

머리말

스크래치는 MIT Media Lab에서 만8세에서 16세 이하의 어린이를 위해 개발한 교육용 프로그래밍 언어로 현재 학교현장에서 학생들의 소프트웨어 교육에 다양하게 활용되고 있다. 가장 큰 특징은 명령문 형식의 기존 프로그래밍 언어와 달리 블록을 맞추는 과정을 통해 멀티미디어를 쉽게 활용하여 프로그래밍을 배울 수 있다.

아두이노는 2005년에 이탈리아 밀라노 옆에 있는 Ivrea에서 시작한 프로젝트 이름이며, 주머니가 얇은 학생들이 쓰기 좋게 보다 저렴하고 유용한 컨트롤 장치를 만들기 위해 시작한 프로젝트이다. 아두이노는 마이크로프로세서나 컴퓨터 하드웨어 등에 대한 전문적인 지식이 없는 사람들이 여러 가지 마이크로프로세서를 기반으로 하는 제어장치를 쉽게 구현할 수 있도록 만들어져 있는 시스템 구현 도구이다.

이 책은 스크래치 소개부터 간단한 게임 프로젝트 제작과 스크래치를 이용한 아두이노 제어, 초·중급자를 위한 항공 분야 아두이노 제어로 되어 있다. 다양한 스크래치 프로젝트의 제작과 활용을 통해 마이크로프로세서 제어까지 경험함으로 학습자의 창의적 사고, 추론, 문제 해결능력 향상을 이룰 수 있기를 기대한다.

차례

I 스크래치

I

스크래치

1. 스크래치의 기초
2. 기본 블록 설명
3. 스프라이트와 무대설정하기
4. 기본 예제 프로그래밍

CHAPTER 01

스크래치의 기초

1 스크래치(Scratch)란?

사전적 의미

형용사(英)

1. **있는 대로 그러모아 만든, 급조한**
   a scratch team
   (구할 수 있는 대로 사람을 모아) 급히 편성한 팀
2. 특히 골프에서 **핸디캡이 없는**
   a scratch player
   핸디캡이 없는 선수

> from scratch
> 아무런 사전 준비[지식] 없이
> - I learned German from scratch in six months.
> 나는 독일어를 아무런 사전 지식 없이 6개월 만에 배웠다.

01 MIT Media Lab에서 만8세에서 16세 이하의 어린이를 위해 개발한 교육용 프로그래밍 언어로 현재 학교현장에서 학생들의 소프트웨어 교육에 다양하게 활용되고 있다. 가장 큰 특징은 명령문 형식의 기존 프로그래밍 언어와 달리 블록을 맞추는 과정을 통해 멀티미디어를 쉽게 활용하여 프로그래밍을 배울 수 있다.

02 스크래치는 블록형 언어이다. 기존 프로그래밍 언어를 활용하기 위해서는 복잡한 문법을 배워야 한다. 프로그래밍을 처음 배우는 많은 학생들이 이 부분에서 어려움을 느끼고 일부는 포기하기도 한다. 하지만 스크래치는 블록 형태의 명령어를 결합하는 방식으로 어려운 문법을 배우지 않아도 프로그래밍을 할 수 있다.

03 스크래치는 온라인과 오프라인에서 모두 사용할 수 있다. 온라인에서 사용할 수 있는 웹 버전(http://scratch.mit.edu/)과 오프라인 버전을 모두 제공한다. 온라인 웹에서는 자신이 만든 프로그램을 전 세계 여러 나라 사람들과 공유할 수 있다.

04 스크래치는 다양한 국가의 언어 서비스를 제공한다. 스크래치는 50여개의 언어로 번역되어 있으며 한국어 버전도 제공되고 있다. 영어에 익숙하지 않은 학생들도 어려움 없이 사용할 수 있다.

2 스크래치 회원 가입하기

01 회원가입을 위해서는 먼저 스크래치 사이트(http://scratch.mit.edu/)에 접속한다.

PC 환경

- window 버전 : window7
- 메모리(RAM)용량 : 4.00GB
- 시스템 종류 : 32비트 운영체제

02 스크래치 사이트 메인 화면 상단에 있는 [스크래치 가입] 메뉴를 클릭한다.

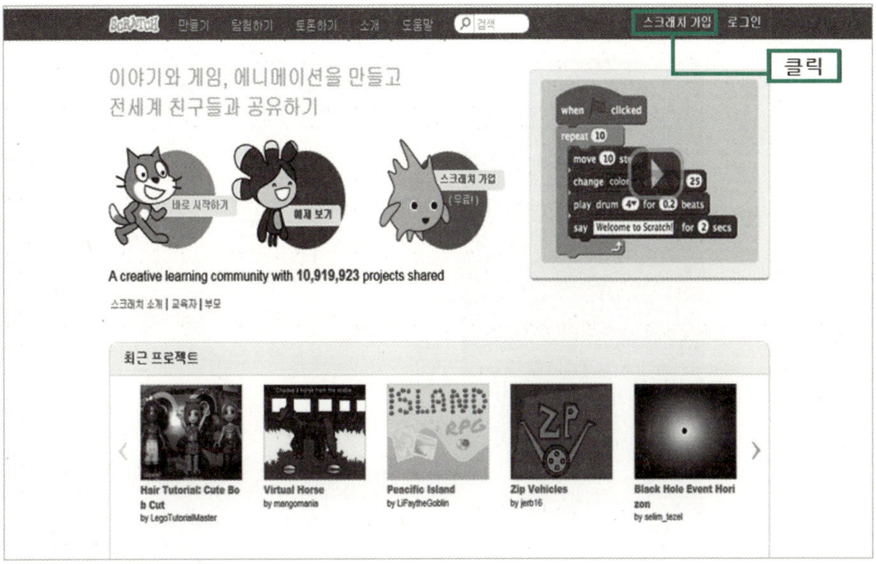

03 '**스크래치 사용자 이름 입력**'란에 스크래치에서 사용할 자신의 아이디를 입력한다. 아이디는 한글이 허용되지 않는다. 평소 즐겨 사용하는 영문 아이디를 입력한다.

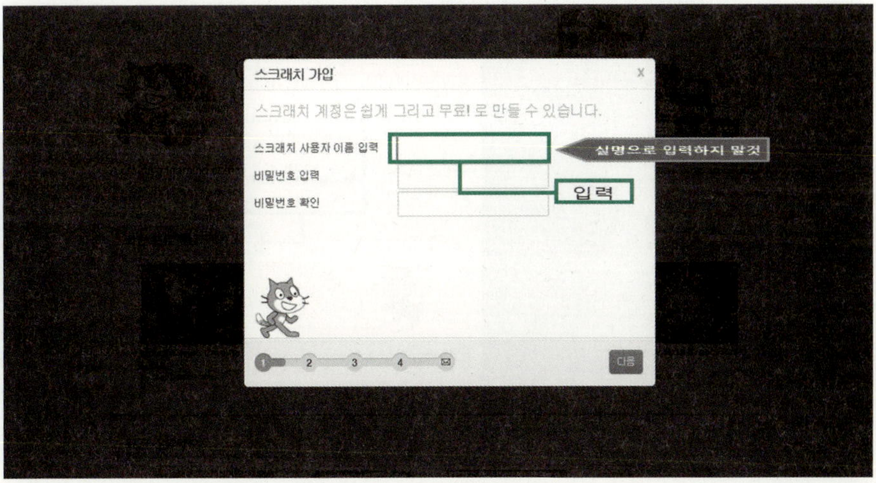

04

'비밀번호 입력'란에 자신의 비밀번호를 입력한다. 밑에 있는 '비밀번호 확인'란에는 위에서 입력한 비밀번호를 다시 한 번 동일하게 입력한다.

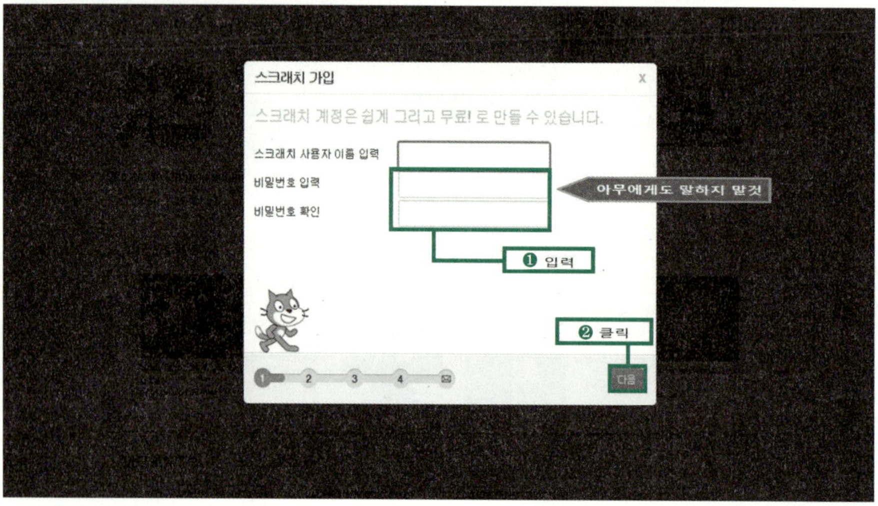

05

다음 화면에서는 '생년월일'과 '성별', '국가'를 선택하고 '이메일 주소'를 입력한 후 [다음] 버튼을 클릭한다.

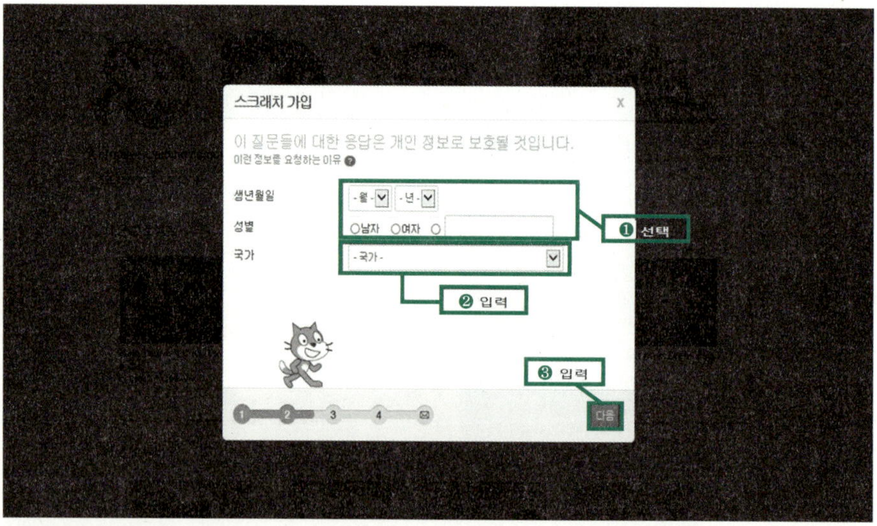

‘국가’ 선택 항목에서는 ‘South Korea’를 선택한다. 국가의 이름은 모두 영문으로 표기되며 알파벳순으로 표시되어 있다. 하지만 ‘South Korea’의 경우 ‘S’가 아닌 ‘K’ 위치에 있다.

06 스크래치 가입이 완료된 후 하단에 있는 [자, 시작합시다!] 버튼을 클릭하면 가입된 아이디로 자동 로그인되며 스크래치가 시작된다.

3 스크래치 설치

스크래치는 웹기반에서 활용뿐만 아니라 오프라인에서 작업이 가능하도록 프로그램을 제공한다. 우선 스크래치 사이트(http://scratch.mit.edu)에 접속하여 스크래치를 다운로드 받는다. 1.4 버전과 2.0 베타 버전을 제공하고 있으며 웹에서 사용할 경우에는 아이디를 생성하여 로그인 한 후 바로 사용이 가능하다.

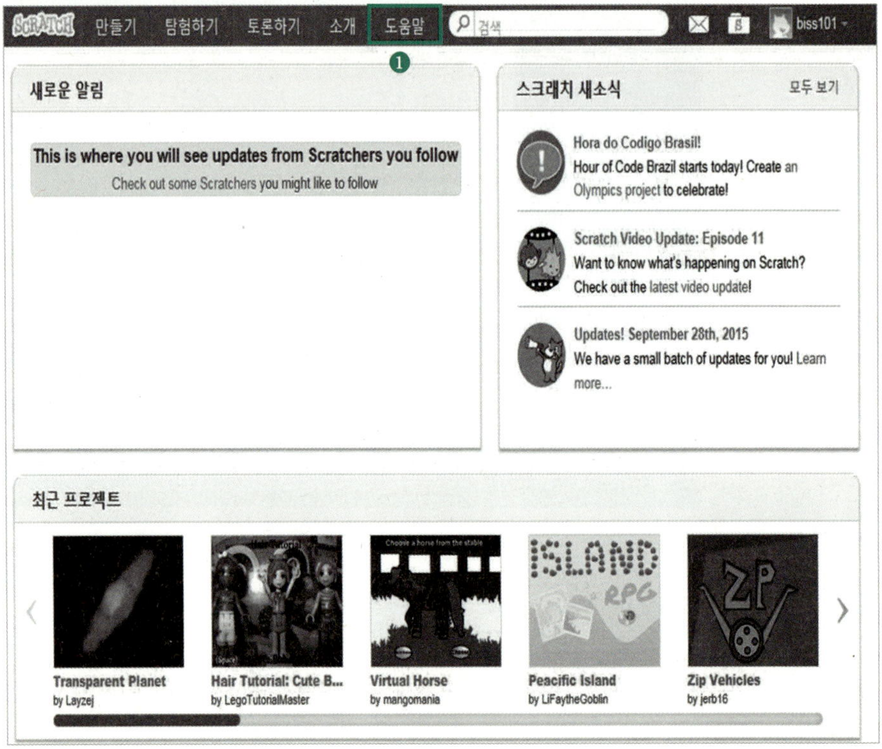

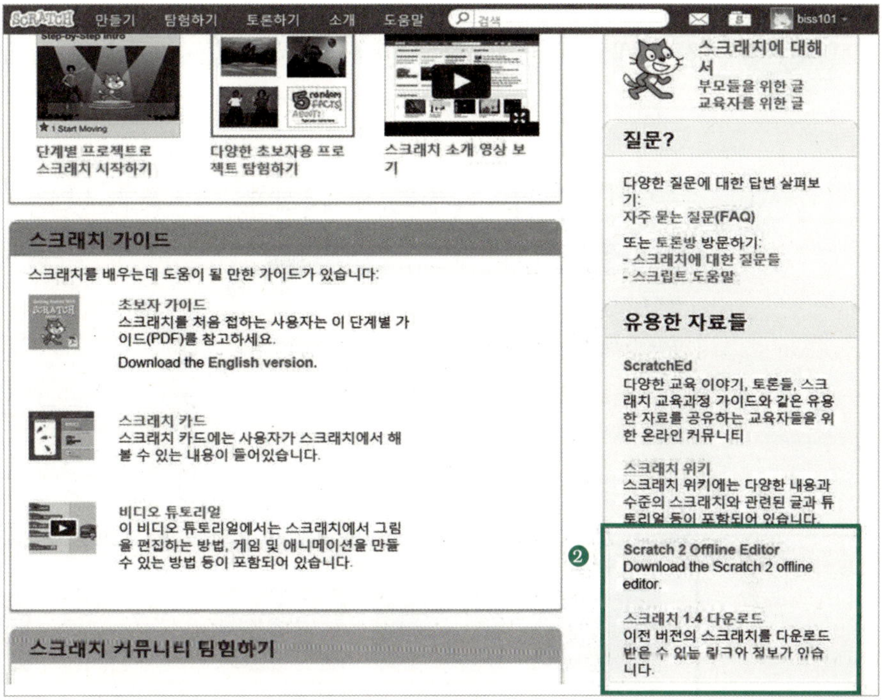

오프라인활용의 경우 사이트에서 ❶ [도움말] - ❷ [Scratch 2 Offline Editor 또는 스크래치 1.4 다운로드]를 통해 운영체제에 맞는 스크래치 오프라인버전을 다운받아 활용할 수 있다.

여기서 잠깐

- 웹상으로 사용하기보다는 스크래치를 PC에 설치해서 사용하는 것이 더 좋다.
- 스크래치는 윈도우, 맥, 리눅스 버전으로 제공되며 특이 사항이 없는 경우 윈도우버전으로 설치한다.
- 스크래치 1.4의 설치 용량은 50메가바이트로 PC 사양에 상관없이 사용할 수 있다.

4 스크래치 둘러보기

01 **스크래치 메인화면** : 스크래치에 접속하여 로그인을 하면 메인 화면이 나타난다.

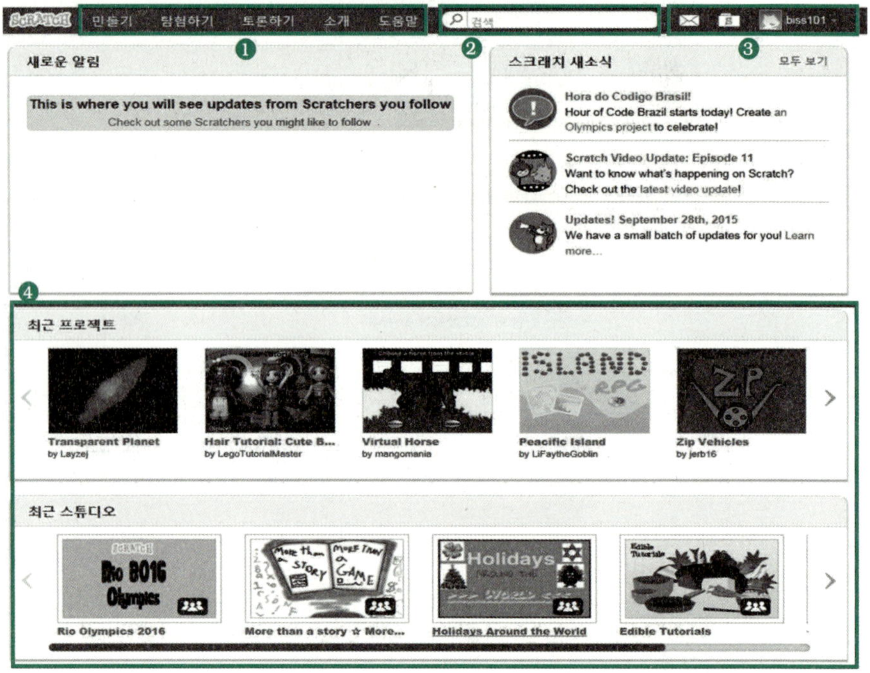

❶ **주요 기능 메뉴 영역** : '만들기', '탐험하기' 등과 같은 스크래치의 주요 기능을 실행할 수 있다.

❷ **검색창** : 여러 가지 프로그램(=프로젝트)이나 스튜디오(프로그램 모음) 등을 검색할 수 있다.

❸ **개인 메뉴 영역** : 메시지를 확인하거나 저장해 둔 프로젝트 등을 확인할 수 있다.

❹ **주제별 분류 창** : 각 주제별로 인기 있는 프로젝트나 스튜디오 등을 볼 수 있다.

02 주요 기능 메뉴 영역 : [만들기]

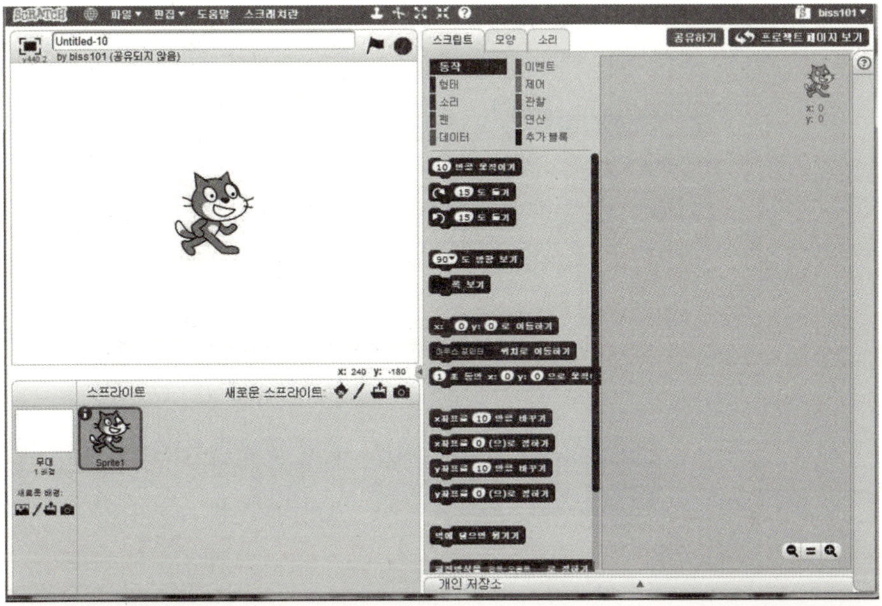

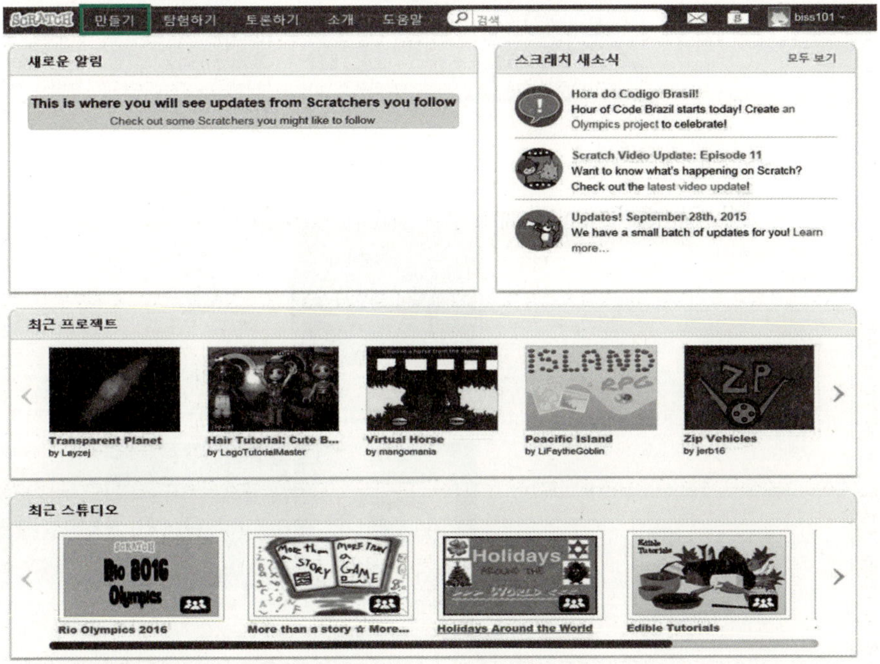

[만들기] 메뉴를 클릭하면 새로운 프로젝트 창이 나타난다. 이곳에서 자신이 원하는 프로그램을 만들 수 있다.

03 주요 기능 메뉴 영역 : [탐험하기]

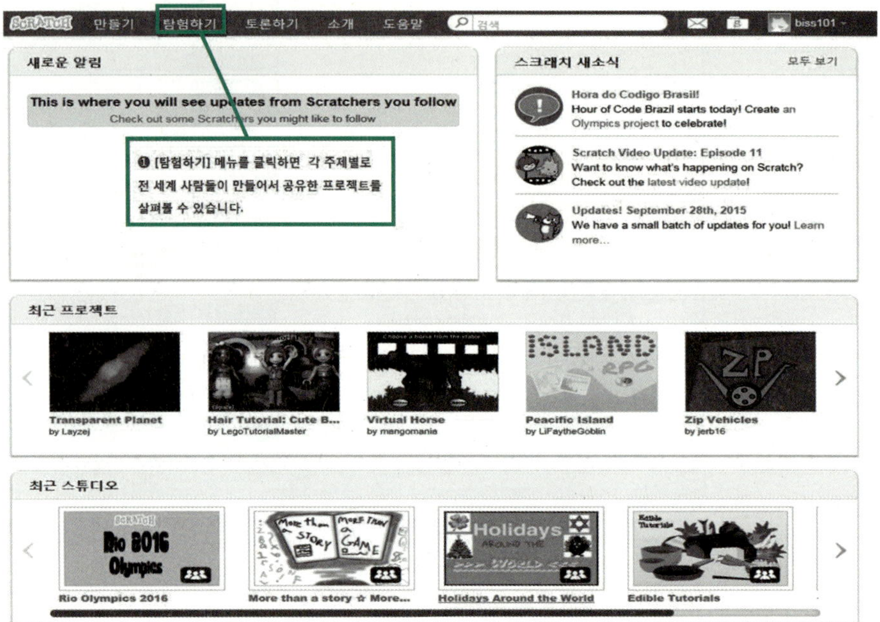

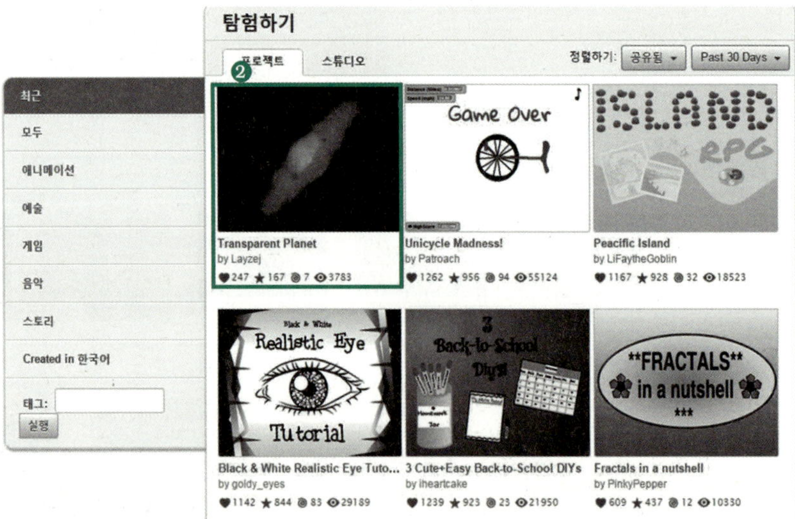

❷ 프로젝트를 클릭하면 해당 프로젝트의 실행창과 사용 설명이 나타난다.

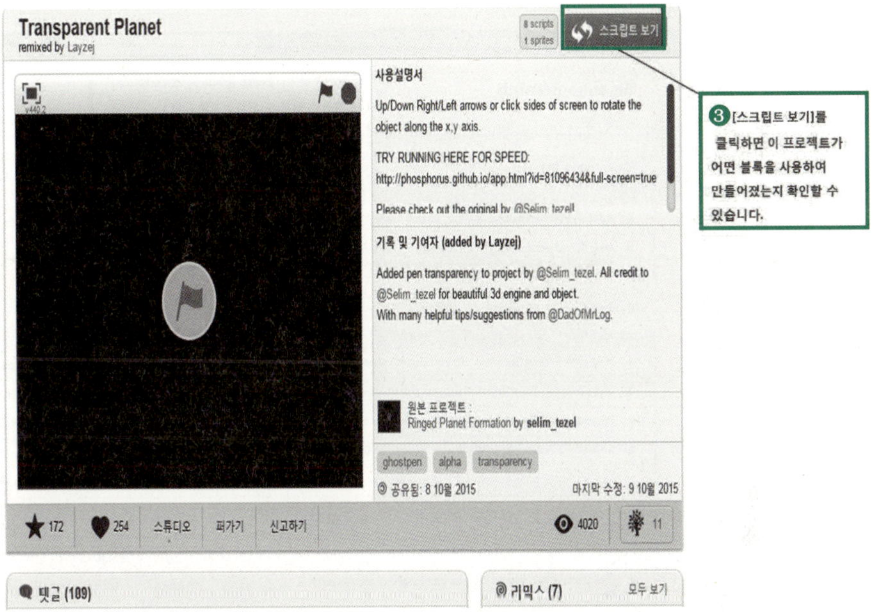

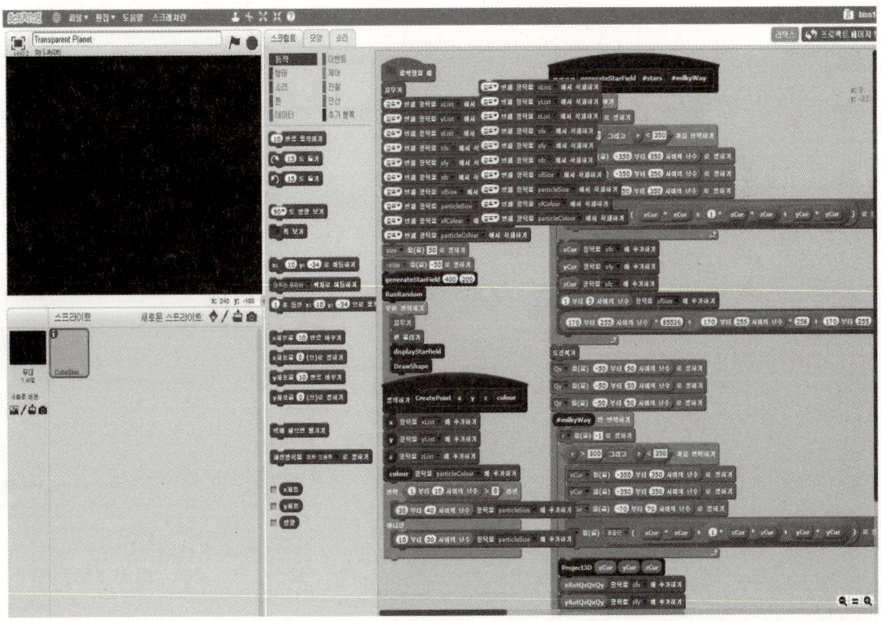

04 주요 기능 메뉴 영역 : [토론하기]

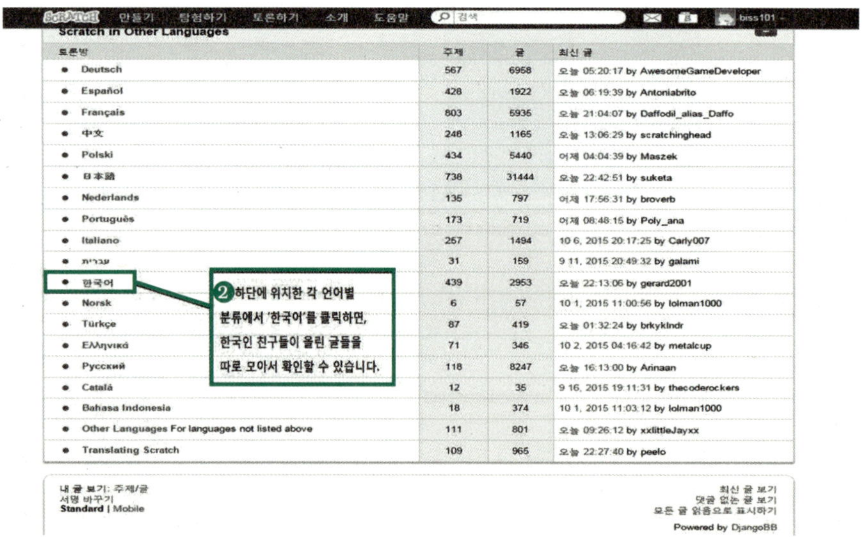

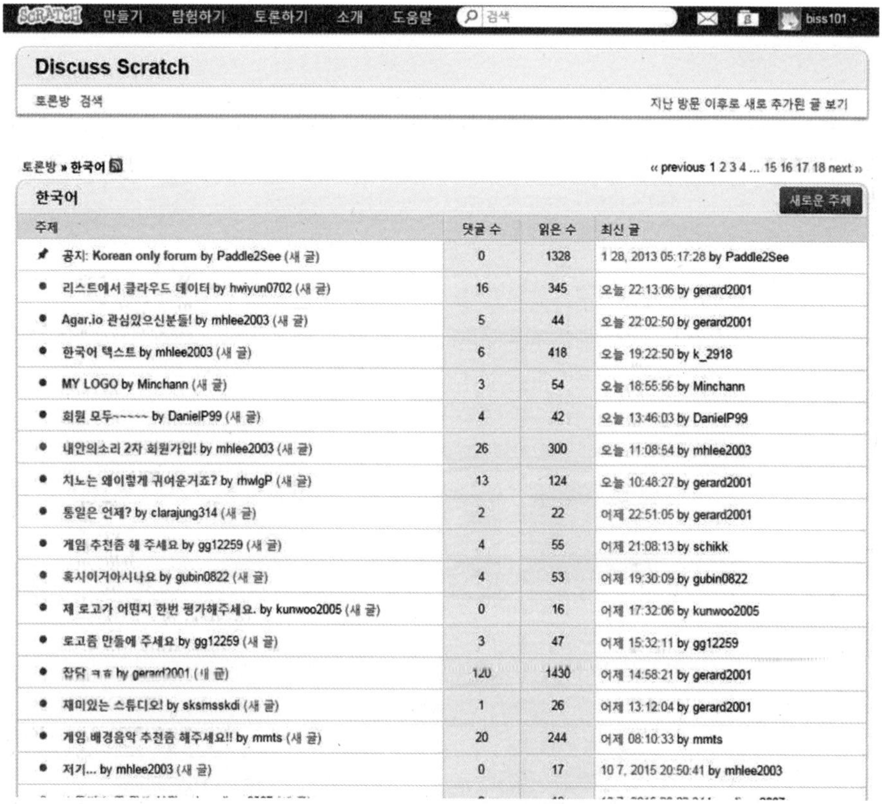

만들기
탐험하기
토론하기
소개
도움말
검색
biss101
Discuss Scratch
토론방 검색
지난 방문 이후로 새로 추가된 글 보기
토론방 » 한국어
« previous 1 2 3 4 ... 15 16 17 18 next »
한국어
새로운 주제
주제
댓글 수
읽은 수
최신 글
공지: Korean only forum by Paddle2See (새 글) 0 1328 1 28, 2013 05:17:28 by Paddle2See
리스트에서 클라우드 데이터 by hwiyun0702 (새 글) 16 345 오늘 22:13:06 by gerard2001
Agar.io 관심있으신분들! by mhlee2003 (새 글) 5 44 오늘 22:02:50 by gerard2001
한국어 텍스트 by mhlee2003 (새 글) 6 418 오늘 19:22:50 by k_2918
MY LOGO by Minchann (새 글) 3 54 오늘 18:55:56 by Minchann
회원 모두~~~~~ by DanielP99 (새 글) 4 42 오늘 13:46:03 by DanielP99
내안의소리 2차 회원가입! by mhlee2003 (새 글) 26 300 오늘 11:08:54 by mhlee2003
치노는 왜이렇게 귀여운거죠? by rhwlgP (새 글) 13 124 오늘 10:48:27 by gerard2001
통일은 언제? by clarajung314 (새 글) 2 22 어제 22:51:05 by gerard2001
게임 추천좀 해 주세요 by gg12259 (새 글) 4 55 어제 21:08:13 by schikk
혹시이거아시나요 by gubin0822 (새 글) 4 53 어제 19:30:09 by gubin0822
제 로고가 어떤지 한번 평가해주세요. by kunwoo2005 (새 글) 0 16 어제 17:32:06 by kunwoo2005
로고좀 만들어 주세요 by gg12259 (새 글) 3 47 어제 15:32:11 by gg12259
잡담 ㅋㅎ by gerard2001 (새 글) 120 1430 어제 14:58:21 by gerard2001
재미있는 스튜디오! by sksmsskdi (새 글) 1 26 어제 13:12:04 by gerard2001
게임 배경음악 추천좀 해주세요!! by mmts (새 글) 20 244 어제 08:10:33 by mmts
저기... by mhlee2003 (새 글) 0 17 10 7, 2015 20:50:41 by mhlee2003

05 주요 기능 메뉴 영역 : [도움말]

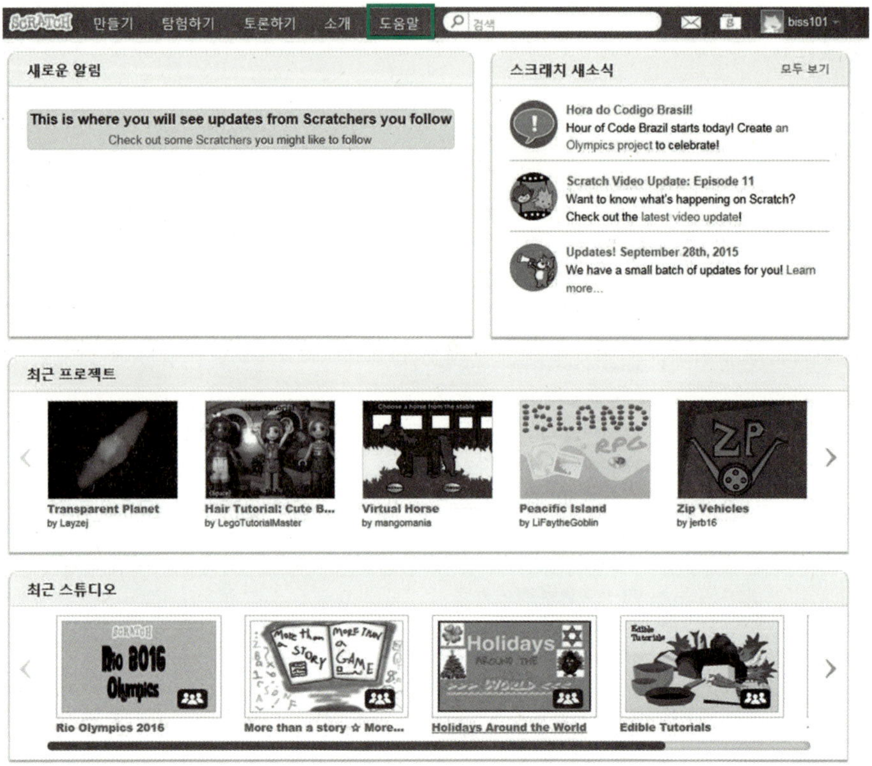

[도움말] 메뉴에서는 스크래치와 관련된 여러 가지 자료들을 볼 수 있다. 스크래치에 관한 안내와 스크래치의 기초적인 사용법, 여러 가지 소개 영상 등을 제공한다. 또한 스크래치와 관련된 유용한 학습 자료들도 함께 안내하고 있어 도움을 받을 수 있다.

06 주요 기능 메뉴 영역 : [메시지]

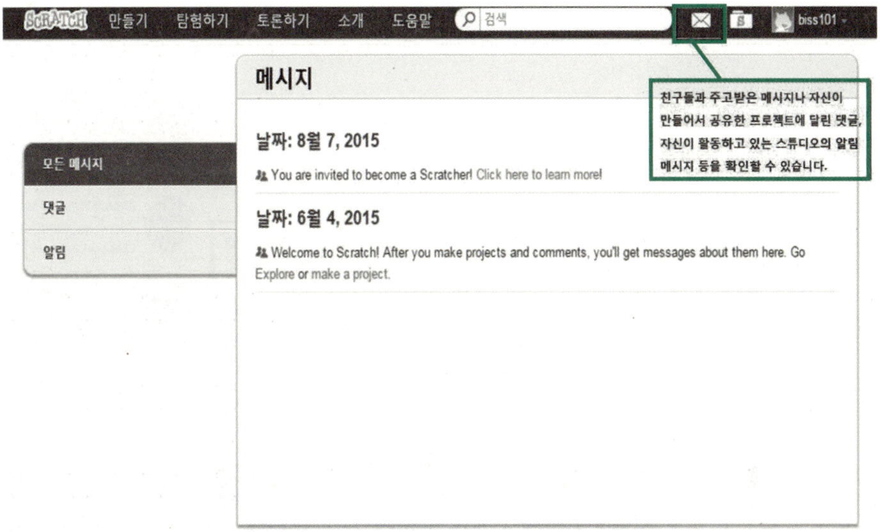

07 주요 기능 메뉴 영역 : [내 작업실]

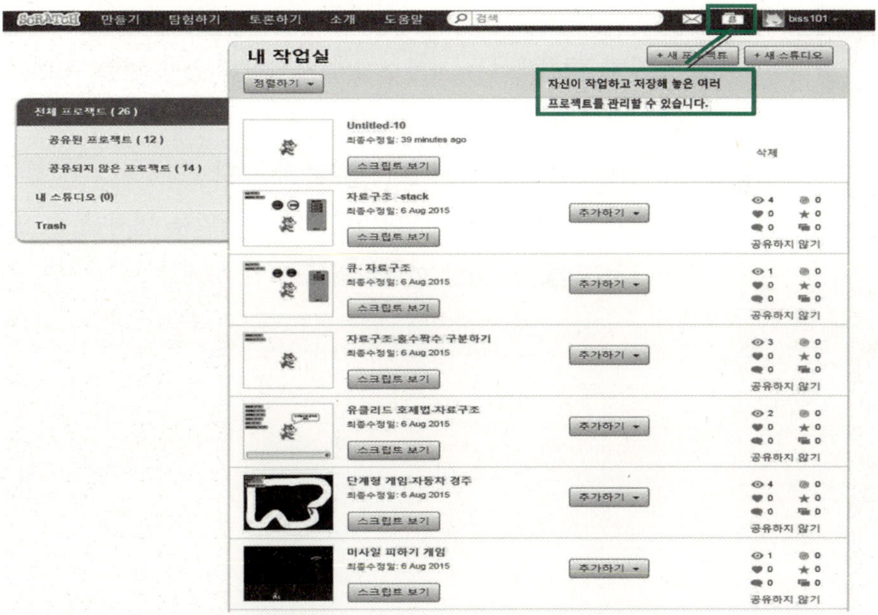

08 주요 기능 메뉴 영역 : [아이디 정보]

- **[내 정보]**에서는 자기소개와 자신이 최근에 만든 프로젝트, 자신이 가입한 스튜디오 등을 확인할 수 있다.
- **[내 작업실]**은 앞의 **[내 작업실]**과 같다.
- **[계정설정]**은 자신의 비밀번호와 이메일을 변경할 수 있다.
- **[로그아웃]**은 해당 아이디의 로그인 상태를 로그아웃 상태로 변경한다.

5 스크래치(Scratch) 프로그램의 구성

01 스크래치를 활용하기 전에 알아두어야 할 용어는 다음과 같다.

- **스프라이트** - 스크래치 프로그램에 등장하는 주인공 및 모든 객체를 통칭하여 사용되는 용어로 가장 기본 적으로 고양이 형태의 스프라이트가 화면에 등장한다.
- **스크립트** - 무대 위의 주인공(스프라이트)들을 어떻게 움직이게 할 것인지 적어놓은 것으로 블록형태의 명령어를 문제처리 순서에 맞춰 차례대로 쌓아 놓은 것이다.
- **이벤트** - 프로그램에 의해 감지되고 처리될 수 있는 동작이나 사건을 말한다. 사건의 예로는 마우스를 누르는 것이며 경우에 따라서는 타이머와 같은 하드웨어 장치가 발생시키기도 한다.
- **블록** - 프로그래밍 언어의 명령어 및 변수 등을 1:1로 매치시킨 프로그램 조각이다.
- **스테이지(무대)** - 스프라이트를 배치하고 작업하는 공간으로 스크래치가 실행되는 장면을 볼 수 있는 곳이다.

02 스크래치의 화면 구성

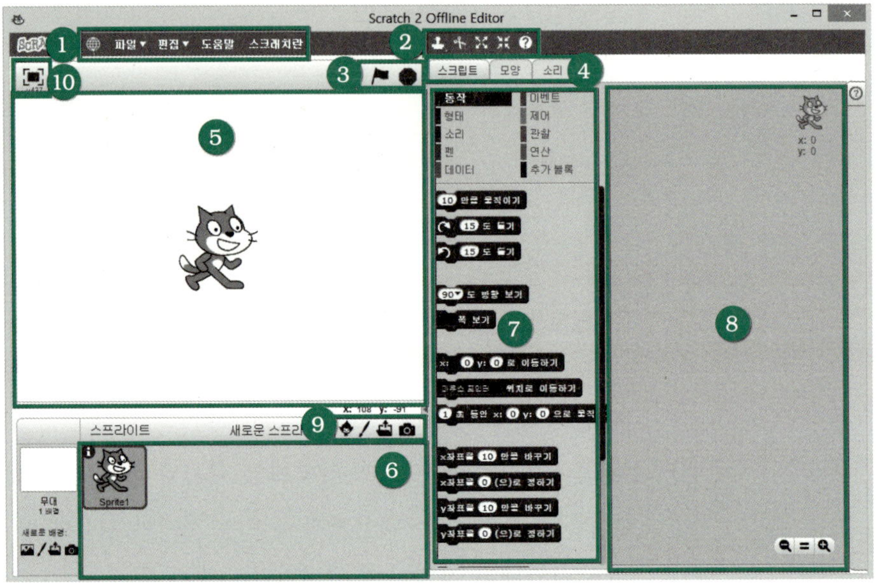

❶ 메뉴	❷ 도구	❸ 녹색 깃발/정지버튼	❹ 탭
❺ 스테이지	❻ 스프라이트 목록	❼ 블록 팔레트	❽ 스크립트창
❾ 새 스프라이트 버튼		❿ 전체화면버튼	

❶ 메뉴

프로젝트의 저장, 불러오기, 편집 등을 수행한다.

❷ 도구

- 도구를 선택하고서 다른 객체를 클릭하면 실행된다.
- **복사**: 스프라이트, 그림, 소리, 블록, 스크립트를 복사(여러 개 선택은 Shift + 클릭)
- **삭제**: 스프라이트, 그림, 소리, 블록, 스크립트를 삭제
- **확대**: 스프라이트 크기를 더 크게(가장 큰 크기는 Shift + 클릭)
- **축소**: 스프라이트 크기를 더 작게(가장 작은 크기는 Shift + 클릭)

❸ 녹색 깃발/정지버튼

- 스크래치에서 녹색 깃발은 작성된 여러 스크립트를 동시에 시작하는 아주 편리한 방법이다. 맨 위에 [클릭했을 때]과 같은 블록이 있는 모든 스크립트를 녹색 깃발 버튼을 통해서 한 번에 실행할 수 있다.
- 정지 버튼은 무대에서 진행되는 스크립트의 실행을 모두 중지한다.

❹ 탭

- **[스크립트]탭**: [스크립트]탭을 클릭하면 블록모음이 나타난다. 블록 모음은 총 10가지 카테고리로 구분되며 각각의 카테고리에는 여러 기능을 가진 블록들이 있다.
- **[모양]탭**: [모양]탭을 클릭하면 스프라이트의 [모양 정보]창과 '그림판'이 나타난다. [모양정보]창에서는 선택한 스프라이트에 등록되어 있는 모양 정보를 확인할 수 있다. 각 각의 모양은 그림판을 사용하여 수정할 수 있다.

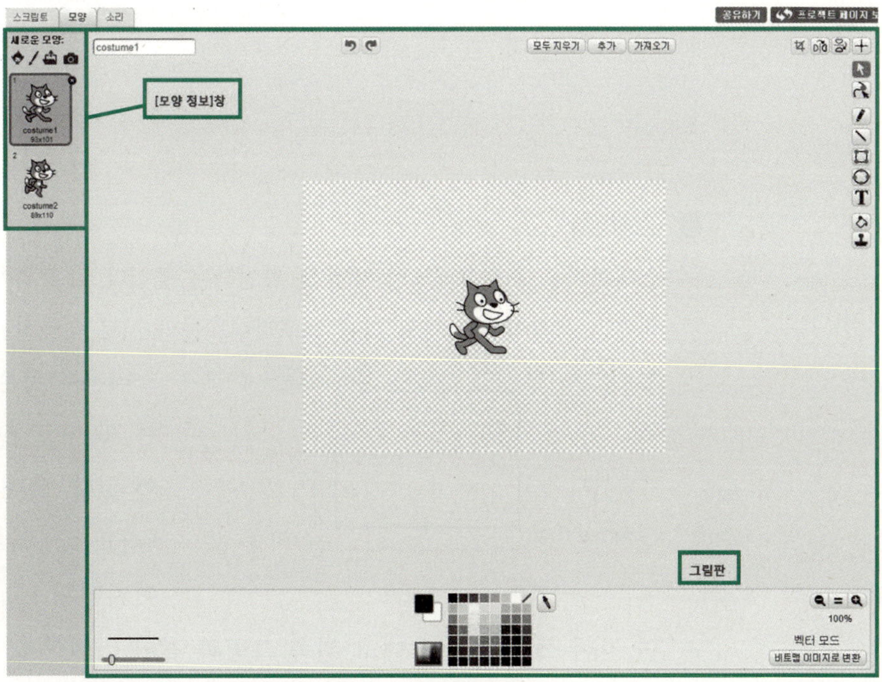

- **[소리]탭** : [소리]탭을 클릭하면 스프라이트의 [소리정보]창과 [소리 편집]창이 나타난다. [소리정보]창에서는 선택한 스프라이트에 등록되어 있는 소리(효과음) 정보를 확인할 수 있다. 각각의 소리는 [소리 편집]창을 사용하여 수정 및 확인할 수 있다.

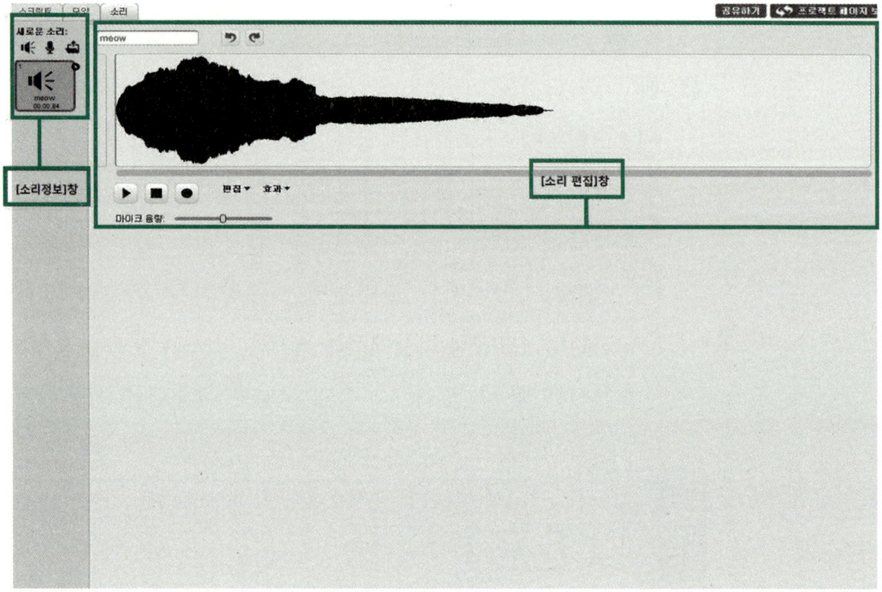

❺ 스테이지

스테이지는 프로그래밍한 내용을 확인하는 곳이다. 스프라이트는 스테이지 위에서 움직이기도 하고 다른 스프라이트들과 서로 상호작용하기도 한다.

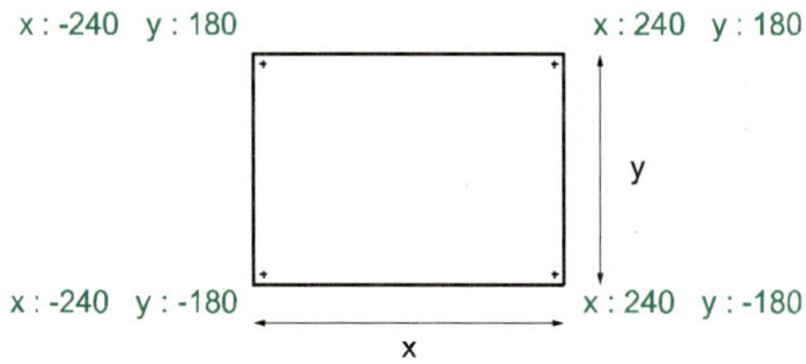

스테이지 폭은 480이고 높이는 360이고 x-y 격자로 나뉘어 있다. 스테이지의 중앙은 x좌표 0, y좌표 0이다. 스테이지에서 x-y 좌표를 알려면, 마우스를 가져다 대고 왼쪽 그림과 같이 스테이지 오른쪽 아래에 표시되는 마우스의 x-y 위치를 보면 된다.

❻ 스프라이트 목록

스프라이트 목록을 통해 현재 프로젝트에 들어간 모든 스프라이트를 확인할 수 있다. 각각의 스프라이트는 이름과 몇 개의 스크립트를 포함하고 있는지, 몇 개의 그림을 가지고 있는지 함께 보여 준다.

스프라이트를 편집하고자 할 때는 스프라이트 목록에서 작은 그림을 클릭하거나 스테이지 위에 있는 스프라이트를 더블 클릭하면 된다.

❼ 블록 팔레트

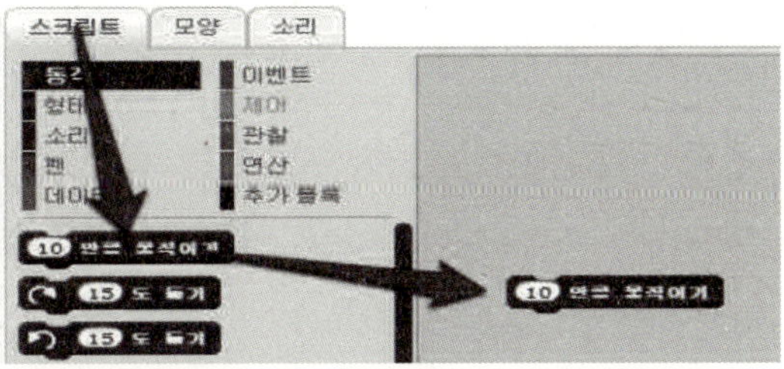

스프라이트에 명령어를 주려면 블록팔레트의 스크립트 탭에서 블록의 종류를 선택한 후 스크립트 창으로 드래그 하여 옮겨 놓으면 된다.

블록을 모아 붙여서 결합하면 스크립트를 만들 수 있고 블록 묶음의 아무 곳이나 더블 클릭하면 결합한 스크립트가 위에서 아래로 차례로 실행된다.

❽ 스크립트창

블록들은 블록 모음 오른쪽에 있는 [스크립트] 창에서 결합한다. [스크립트] 창의 오른쪽 윗부분에는 현재 선택된 스프라이트가 나타난다.

❾ 새 스프라이트 버튼

새로운 스프라이트 불러올 수 있다.

❿ 전체화면버튼

 전체화면 모드 버튼을 클릭하면 프로젝트를 전체화면 크기로 볼 수 있다. 전체화면 모드를 끝내려면 Esc 키를 누르면 된다.

03 프로그램 작성 원리

스크래치는 그래픽기반의 멀티미디어를 활용하여 코딩을 실시하는 프로그램이기 때문에 다음과 같은 프로그램 작성 원리를 기초로 하여 활용할 수 있다.

- 화면 영역에 8개의 블록 팔레트 명령 그룹 제공

  [동작] - 스프라이트의 이동, 회전, 방향, 위치 등 움직임과 관련된 블록
  [형태] - 스프라이트의 모양, 색상, 크기 등 형태와 관련된 블록
  [소리] - 소리 제어, 각종 악기음, 음량, 템포 등 소리와 관련된 블록
  [펜] - 펜의 색, 그림자, 크기 등 펜과 관련된 블록
  [제어] - 입력, 조건, 반복, 명령어 정지 등 흐름 제어와 관련된 블록
  [관찰] - 닿기, 묻고 기다리기, 키 입력, 위치, 타이머 등 이벤트와 관련된 블록
  [연산] - 산술, 비교, 논리, 문자, 수학함수 등 연산과 관련된 블록
  [변수] - 변수, 리스트를 생성, 입력, 삭제 등 변수와 관련된 블록

- 명령어 사용

  스크래치는 스크립트를 작성하기 위해 명령어 블록을 활용한다. 이때 명령어 블록을 사용하기 위해서는 블록팔레트 명령그룹 → 블록팔레트 아래 제시된 명령어 블록 → 스프라이트 스크립트 영역에 드래그엔 드롭의 방법을 사용한다.

- 명령어 완성

  명령어 블록을 활용하여 스크립트를 작성할 경우 블록 모양에 맞추어 쌓거나 삽입하여 명령어를 완성할 수 있다. 이때 스냅기능을 활용할 수 있고 명령블록은 스냅 기능으로 붙어있기 때문에 중간에 들어 있는 명령어를 드래그 하면 맨 위쪽의 명령어만 떨어진다. 만약 명령어를 삭제 할 경우는 삭제할 명령블록만 분리하여 삭제 한 후 다시 합쳐야 한다.

- 스냅(Snap)기능 - 명령어 블록을 드래그 하여 다른 명령어 블록에 가까이 하면 하얀색 선이 나타나게 되고 이때 마우스 버튼을 놓으면 블록이 합쳐지게 된다.

CHAPTER 02 기본 블록 설명

1 동작 블럭 사용 방법

스크래치는 동작, 제어, 형태, 관찰, 소리, 연산, 펜, 변수 블록으로 구성되어 있다. 그 중 동작블록은 무대 안에서 스프라이트 위치를 제어하며 파란색으로 되어 있다. 여기에서는 각 블록의 형태 및 기능에 대하여 알아본다.

블록	
동작	선택된 스프라이트를 현재 방향으로 지정한 숫자만큼 이동하도록 만든다. 만약 (-)숫자를 입력할 경우 스프라이트는 반대 방향으로 이동한다.
실습	

블록	 
동작	선택된 스프라이트를 시계 방향과 반시계 방향으로 지정된 수의 각도만큼 회전시킨다.
실습	 

블록	
동작	선택된 스프라이트를 지정된 방향으로 향하게 한다.
실습	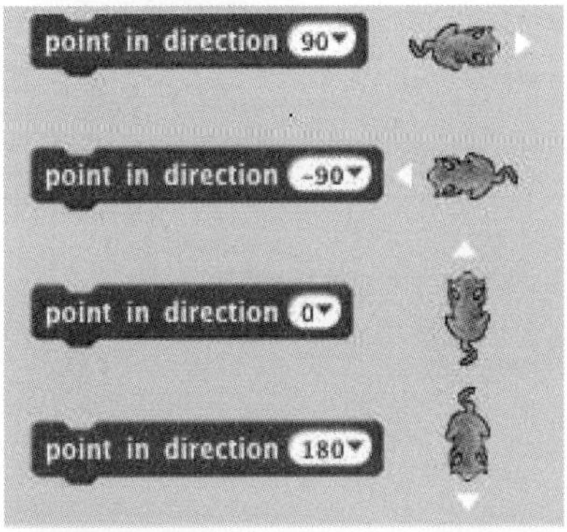

블록	
동작	스프라이트를 다른 스프라이트나 마우스 포인트 쪽으로 향하게 한다.
실습	 

<table>
<tr><td>블록</td><td>
</td></tr>
<tr><td>동작</td><td>스프라이트를 스테이지의 지정된 좌표로 이동시킬 수 있다. 스테이지의 중앙은 (x:0, y:0)이다.</td></tr>
<tr><td>실습</td><td>

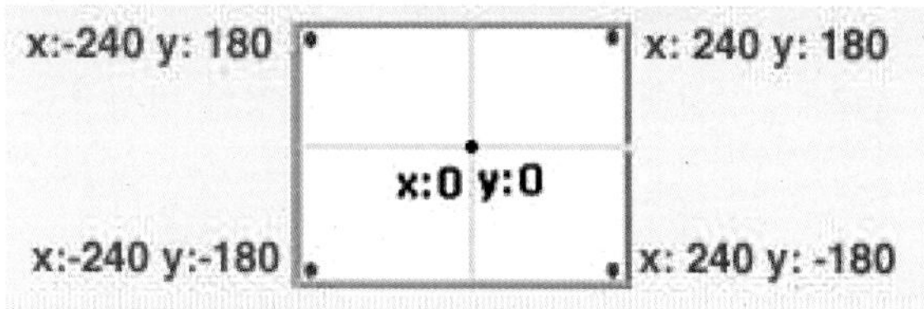
</td></tr>
</table>

<table>
<tr><td>블록</td><td>
</td></tr>
<tr><td>동작</td><td>스프라이트를 마우스 포인터나 다른 스프라이트 쪽으로 이동시킬 수 있다.</td></tr>
<tr><td>실습</td><td>

</td></tr>
</table>

블록	1 초 동안 x: -175 y: -50 으로 움직이기
동작	스프라이트를 지정된 시간동안 지정된 좌표위치(x, y)로 이동시킨다.
실습	클릭했을 때 x: -100 y: -50 로 이동하기 2 초 동안 x: -10 y: 0 으로 움직이기 2 초 동안 x: 20 y: 90 으로 움직이기

블록	x좌표를 10 만큼 바꾸기	y좌표를 10 만큼 바꾸기
동작	스프라이트의 X축 상의 위치를 지정된 수만큼 이동시킨다. 스프라이트의 Y축 상의 위치를 지정된 수만큼 이동시킨다.	
실습	스페이스 ▼ 키를 눌렀을 때 x좌표를 10 만큼 바꾸기	스페이스 ▼ 키를 눌렀을 때 y좌표를 10 만큼 바꾸기

블록	x좌표를 0 (으)로 정하기	y좌표를 0 (으)로 정하기
동작	스프라이트의 X축 좌표를 지정된 위치로 이동시킨다. 스프라이트의 Y축 좌표를 지정된 위치로 이동시킨다.	
실습	클릭했을 때 x좌표를 100 (으)로 정하기 Hello! 을(를) 2 초동안 말하기 x좌표를 -100 (으)로 정하기 Hello! 을(를) 2 초동안 말하기 x좌표를 0 (으)로 정하기 Hello! 을(를) 2 초동안 말하기	클릭했을 때 y좌표를 100 (으)로 정하기 Hello! 을(를) 2 초동안 말하기 y좌표를 -100 (으)로 정하기 Hello! 을(를) 2 초동안 말하기 y좌표를 0 (으)로 정하기 Hello! 을(를) 2 초동안 말하기

블록	
동작	스프라이트가 무대의 벽에 닿으면 스프라이트의 방향을 바꾼다.
실습	

블록	 
동작	스프라이트의 X좌표 값을 의미한다. 스프라이트의 y좌표 값을 의미한다. 체크박스에 표시될 경우 좌표가 스테이지에 나타난다.
실습	  

블록	
동작	스프라이트의 현재 방향 값을 의미한다.
실습	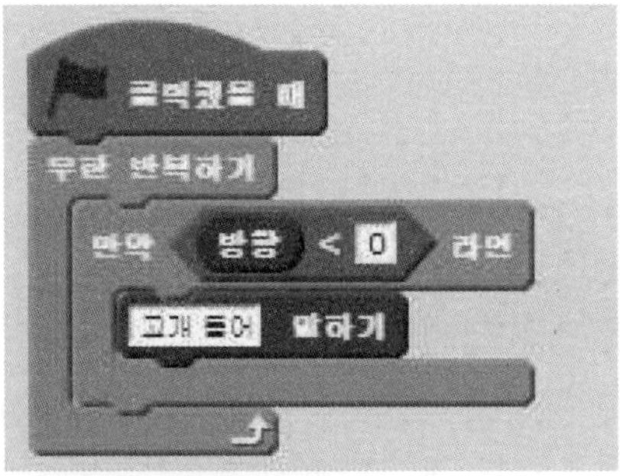 

2 이벤트 블럭 사용 방법

스크립트의 실행 및 방송하기와 관련된 블록 모음집이다.

블록	
동작	녹색 깃발을 선택하면 이 블록과 연결되어 있는 코드 블록들을 차례로 실행한다.
실습	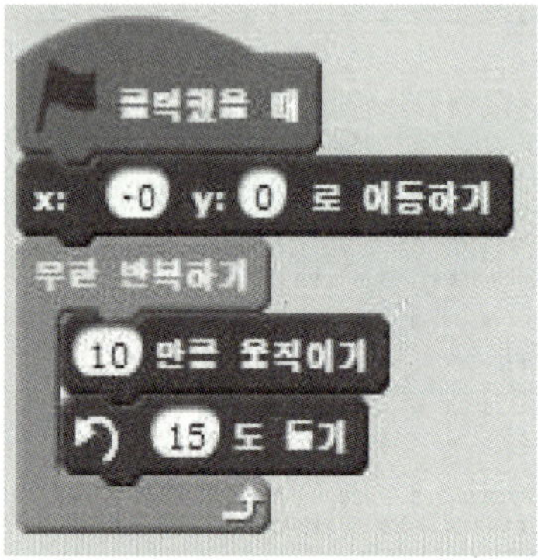

블록	
동작	지정된 키가 눌렸을 때 이 블록의 하단에 있는 코드블록을 실행한다.
실습	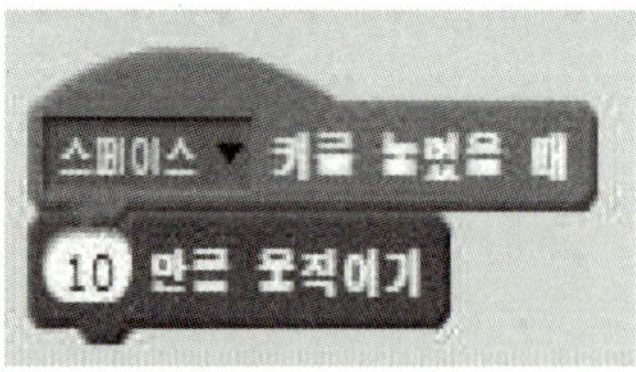

블록	
동작	해당 스프라이트를 클릭했을 때 이 블록의 하단에 있는 코드블록을 실행한다.
실습	

블록	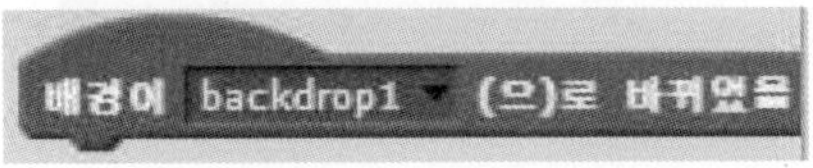
동작	특정 배경화면으로 변경되었을 때 이 블록의 하단에 있는 코드블록을 실행한다.
실습	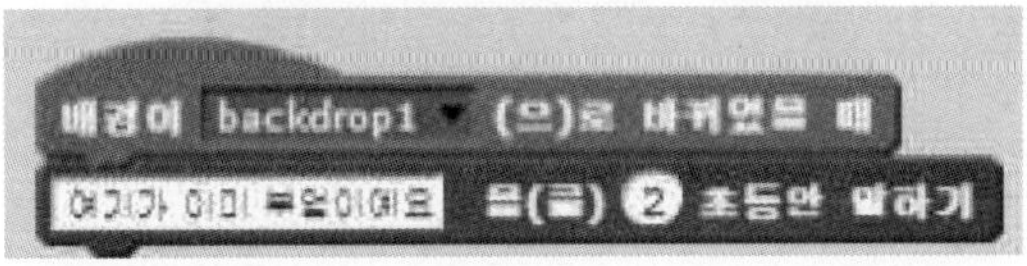

블록	
동작	스크립트의 실행이 멈추지 않고, 모든 스프라이트에 방송 메시지를 보낸다. 이 블록은 다른 스프라이트에게 어떤 일을 하도록 할 때 유용하게 사용된다. 메시지를 받은 스프라이트는 해당 메시지를 수신하였을 때 수행할 블록을 뒤에 연결하여 스크립트를 작성하면 된다.
실습	 메시지를 다른 스프라이트에게 보낸다.  다른 스프라이트는 “움직이기” 메시지를 수신 한 후 10만큼 움직이는 명령을 수행한다.

블록	
동작	모든 스프라이트에 방송 메시지를 보내고, 스크립트의 실행이 멈춘다. 방송 메시지를 받은 스프라이트들이 일을 모두 마치면 다음 스크립트를 실행한다.
실습	 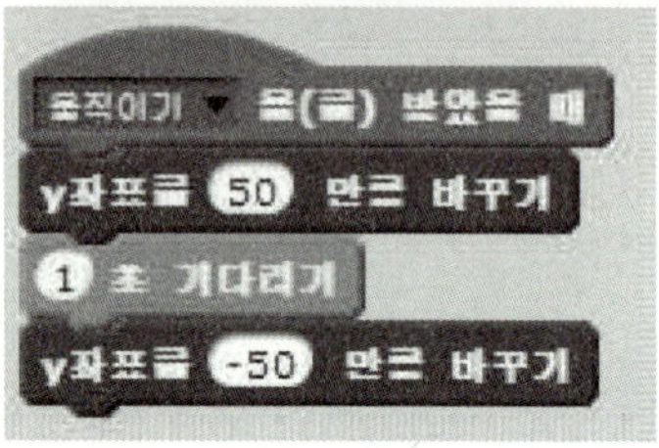

3 제어 블럭 사용 방법

반복문과 조건문을 만들고, 복제하기 기능을 수행하는 블록 모음이다.

블록	
동작	스크립트 실행이 지정된 시간동안 일시적으로 중지되었다가 다음 블록이 실행된다.
실습	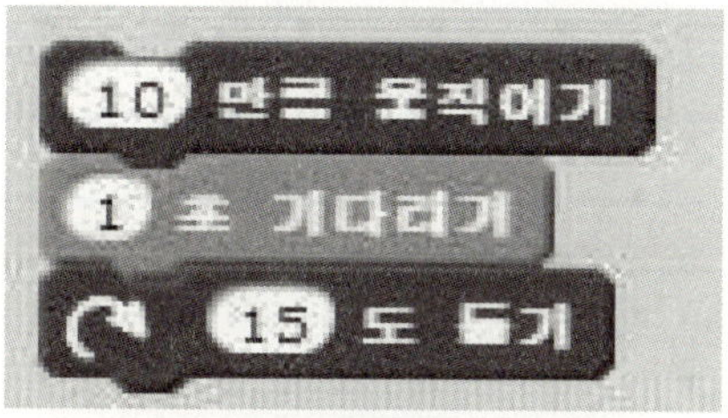

블록	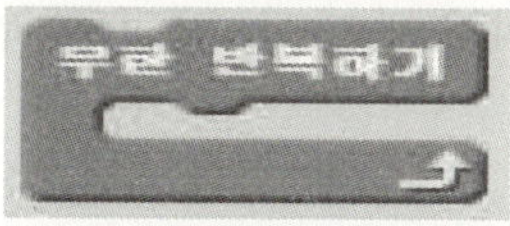
동작	이 코드 블록 안의 코드 블록을 무한 반복하여 실행한다.
실습	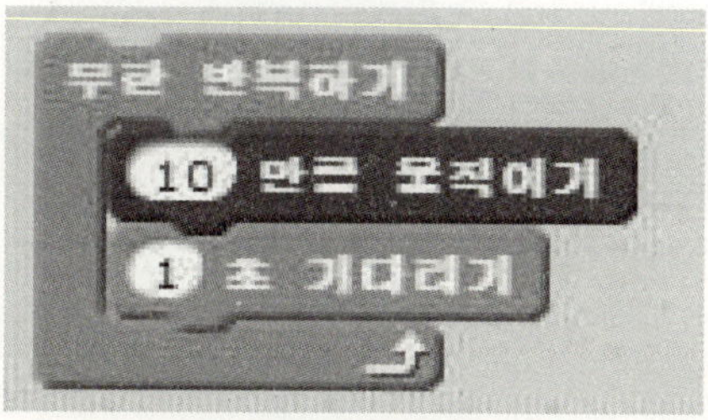

블록	
동작	이 코드 블록 안의 코드 블록을 지정된 횟수만큼 반복하여 실행한다.
실습	

블록	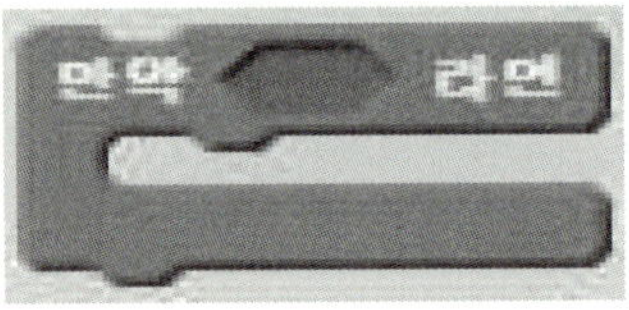
동작	해당의 조건 값이 참이면 이 코드블록 안쪽을 실행하고 다음 블록을 실행한다.
실습	

블록	
동작	해당의 조건 값이 참이면 이 코드블록 안쪽을 실행하고 거짓일 경우 다음 아래쪽의 코드를 실행한다.
실습	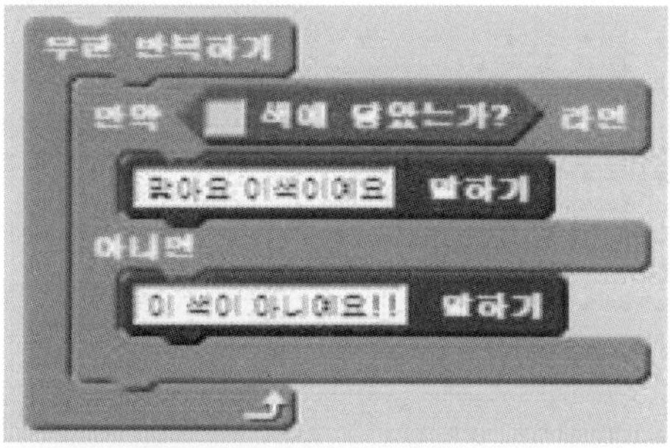

블록	
동작	지정된 조건식의 값이 참값이 될 때까지 이 코드블록의 안쪽을 스크립트를 반복하여 실행한다.
실습	

4 형태 블럭 사용 방법

> 스프라이트와 배경의 모양을 수정하고 말풍선 내에 문자를 표시하며, 보라색으로 되어 있다.

블록	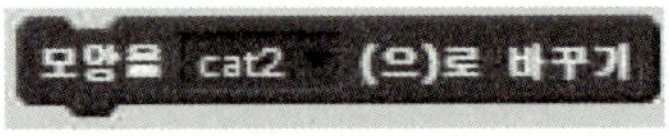
동작	스프라이트 모양을 지정된 모양으로 바꾼다. 모양에 그에 해당하는 모양이 존재해야 한다.
실습	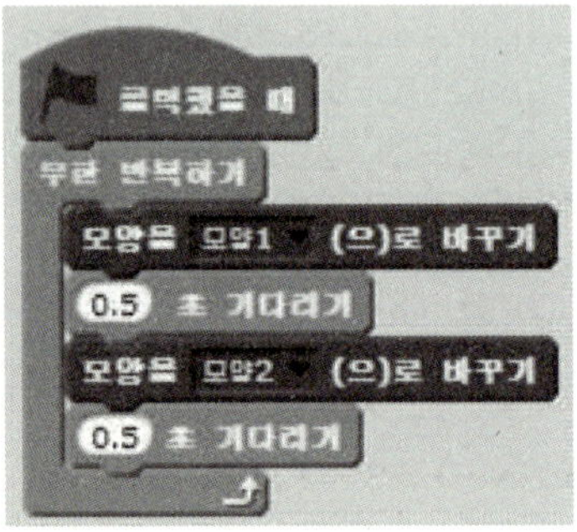

블록	
동작	특수효과(색깔, 어안렌즈, 소용돌이, 픽셀화, 모자이크, 밝기 반투명)를 지정된 값만큼 스프라이트의 모습을 변경한다.
실습	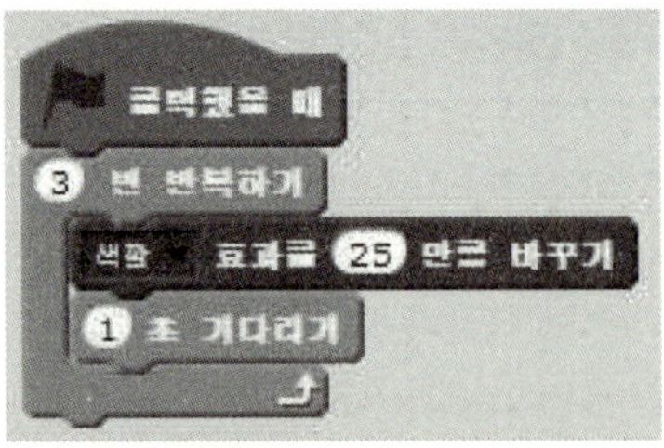

블록	
동작	스프라이트 크기를 지정된 값만큼 변경한다. 스프라이트 크기를 지정된 비율만큼 변경한다.
실습	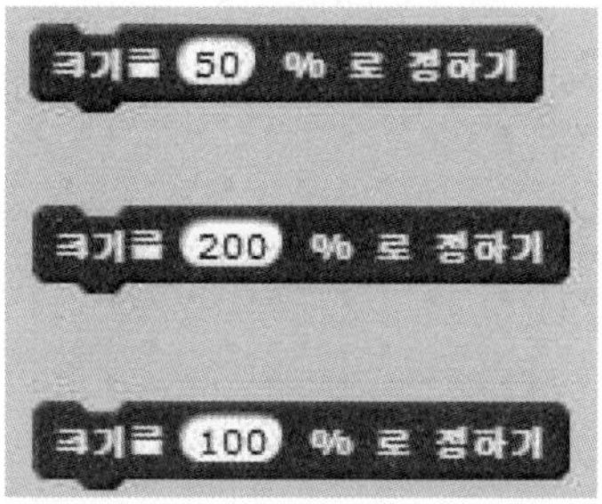 

5 관찰 블럭 사용 방법

> 마우스 포인터의 위치, 다른 스프라이트로 부터의 거리, 한 스프라이트가 다른 스프라이트와 충돌되었는지를 감지하며 하늘색으로 되어 있다.

블록	
동작	사용자가 작성한 입력을 대답에 저장하는 블록이다. 블록을 실행한 후 키보드에서 입력받은 내용을  에 저장한다. 질문은 스크린에 말풍선으로 나타난다. 프로그램은 사용자가 입력한 후 엔터 키를 누르거나 체크마크를 클릭할 때까지 기다린다.
실습	

블록	 
동작	타이머의 기본 값을 0으로 초기화 한다. 타이머로 측정된 기간 값을 반영한다.
실습	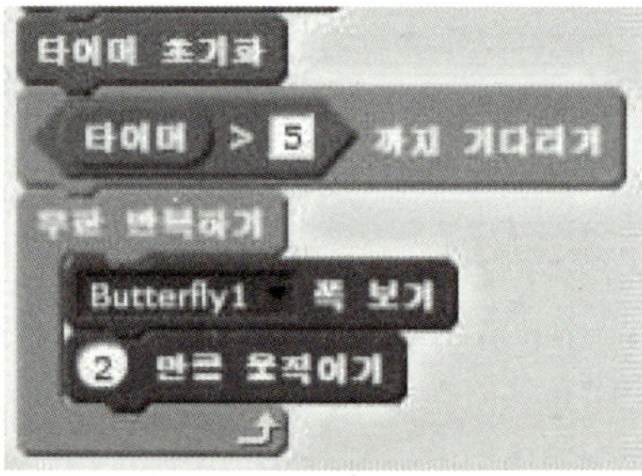

6 연산 블럭 사용 방법

> 산술 연산을 수행하고 난수를 생성하고, 관계를 결정하기 위해 값을 비교한다. 연두색으로 되어 있다.

블록	
동작	지정된 범위에서 난수를 발생한다. 〈1부터 10사이의 난수〉 의 경우 1부터 10까지의 숫자를 랜덤으로 생성한다.
실습	

블록	  
동작	부등식으로 참 또는 거짓을 반영한다. 〈= 또는 〉= 은 논리식을 이용하여 두 개의 부등식을 이용하여 해결해야 한다.
실습	

블록	  
동작	논리식으로 참 또는 거짓을 반영한다. 〈= 또는 〉=은 두 개의 비교 연산을 이용하여 해결해야 한다.
실습	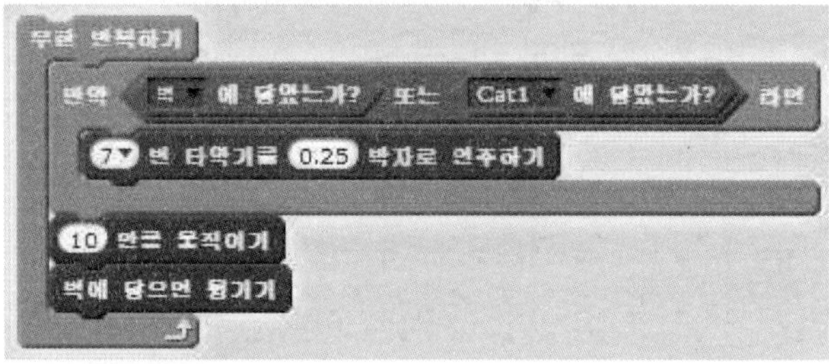 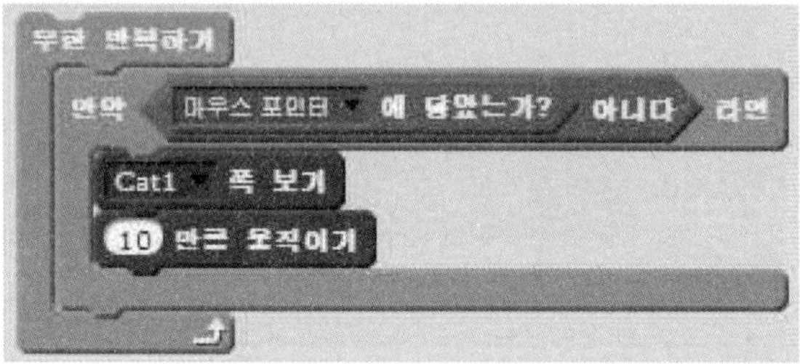

7 변수 블럭 사용 방법

스크래치를 통해 프로그래밍 하는 과정에서 데이터를 임시로 저장할 공간을 마련하는 블록의 모임이다. 주황색으로 되어 있으며 이 블록을 사용하기 위해서는 변수 만들기와 리스트 만들기가 선행되어야 한다.

블록	
동작	변수를 만드는 것으로 변수 나타내기, 변수 저장하기, 변수 변경하기, 스테이지에 변수 보이기, 스테이지에 변수 숨기기의 5개의 블록이 사용가능하다.
실습	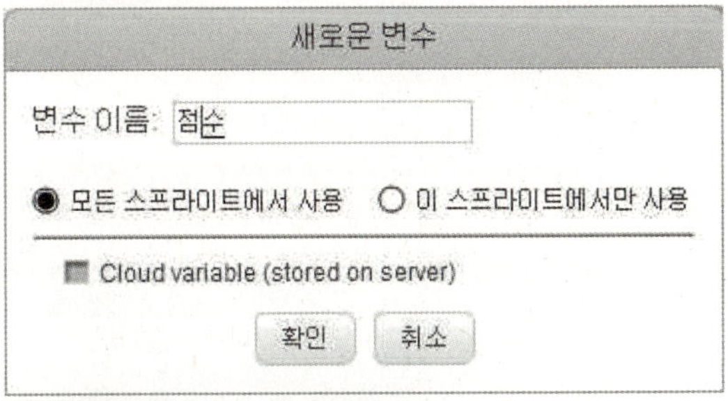 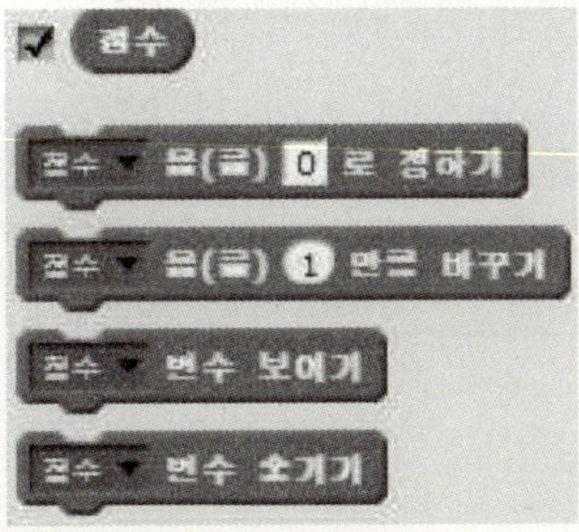

<table>
<tr><td>블록</td><td>리스트 만들기</td></tr>
<tr><td>동작</td><td>리스트를 생성하는 것으로 생성된 리스트와 더불어서 10개의 타일이 만들어진다. 리스트는 같은 자료형의 데이터를 첨자를 통하여 접근할 수 있다.</td></tr>
<tr><td>실습</td><td>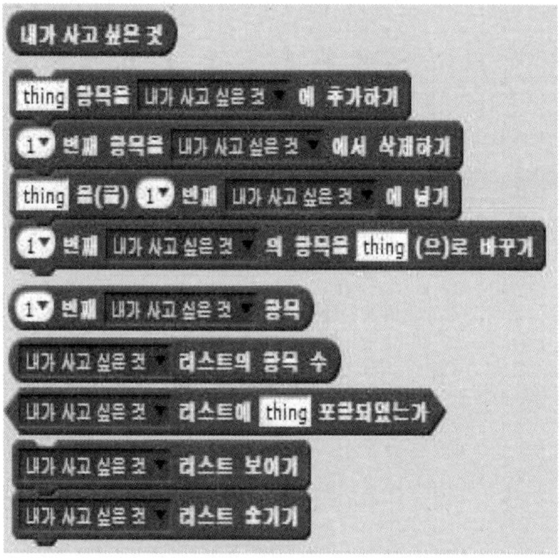

리스트 생성 후 만들어지는 블록 목록
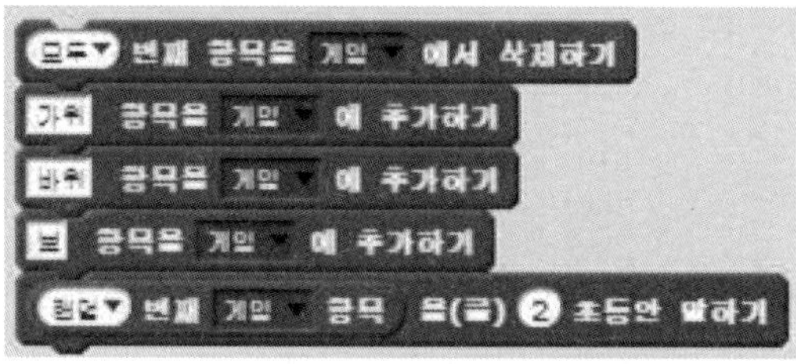

간단히 만들어보는 가위바위보</td></tr>
</table>

CHAPTER 03

스프라이트와 무대설정하기

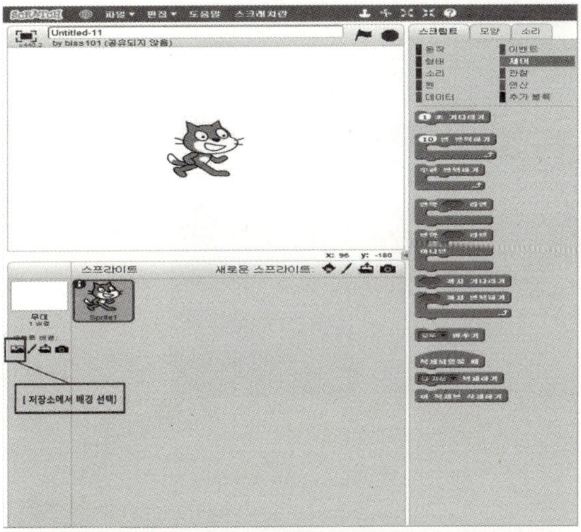

01 무대를 추가하기 위해 [저장소에서 배경 선택]을 클릭한다.

02 원하는 배경을 선택하고 [확인] 단추를 클릭한다.

03 [스프라이트 저장소] 대화상자가 나타나면 'Dog1'을 선택하고 [확인]을 클릭한다.

04 새로운 스프라이트가 삽입된다.

05 스프라이트의 크기를 바꾸려면 [모양] 탭을 선택한다. 스프라이트를 선택한 후 모서리를 드래그 하여 크기를 조정한다.

CHAPTER 04 기본 예제 프로그래밍

1 마우스를 따라 움직이는 고양이 만들기

01 '고양이' 스프라이트를 선택한 후 [스크립트] 탭을 선택합니다. [이벤트] 팔레트의 ❹ 명령블록을 드래그 한다.

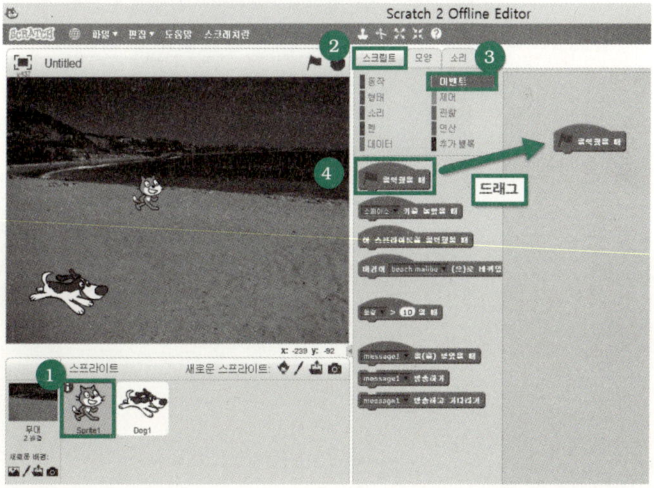

02 [제어] 팔레트의 ❷ 명령 블록을 연결한다.

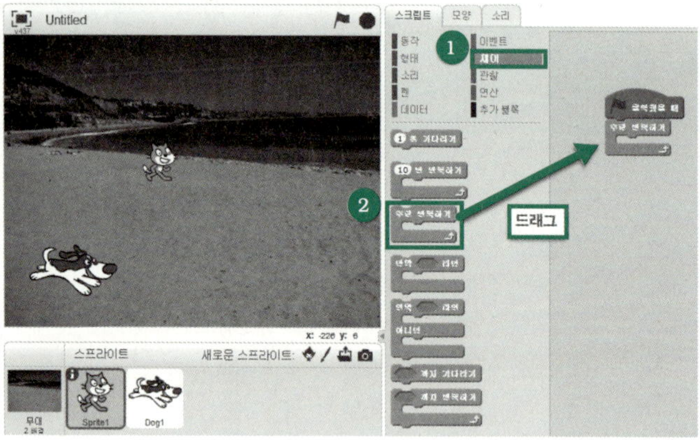

03 [동작] 팔레트의 ❷ 명령 블록을 명령 블록 안에 연결합니다. ▼를 클릭하여 [마우스의 포인터]를 선택한다.

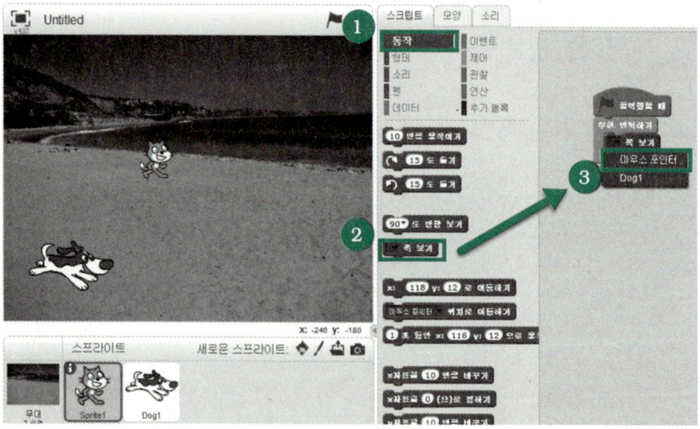

04 ❶ 명령 블록을 '마우스 포인터'쪽 보기 명령 블록 아래에 연결한다.

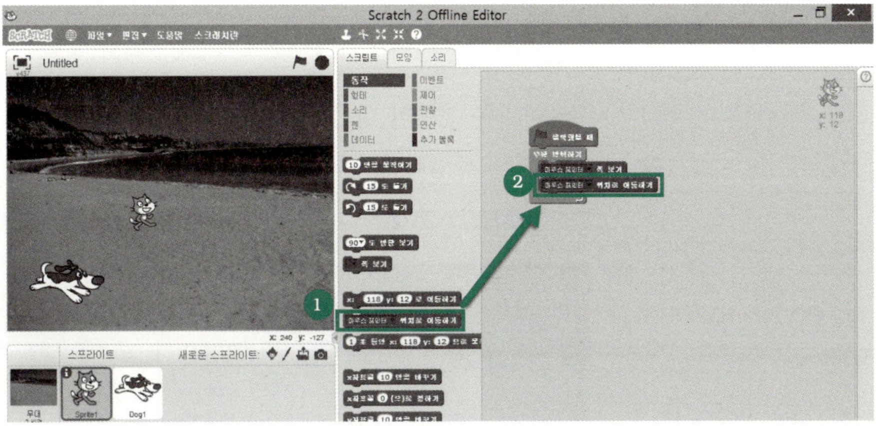

05 [실행(🏴)] 버튼을 클릭한 다음 마우스를 이리저리 움직이면 고양이가 마우스 포인터를 따라 다닌다.

06 실행 확인이 끝나면 [정지(⬣)] 버튼을 클릭한다.

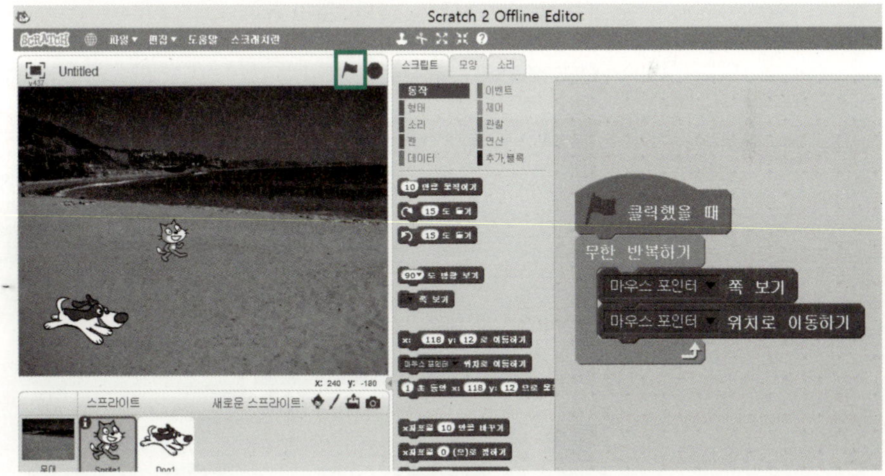

2 고양이를 따라다니는 강아지 만들기

01 'Dog1' 스프라이트를 선택한 다음 [스크립트] 탭을 선택합니다. [이벤트] 팔레트의 ❹ 명령 블록을 삽입한다.

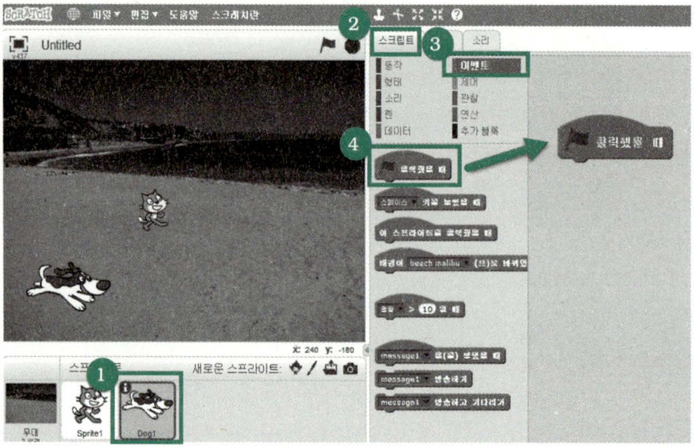

02 [제어] 팔레트의 ❷ 명령 블록을 연결한다.

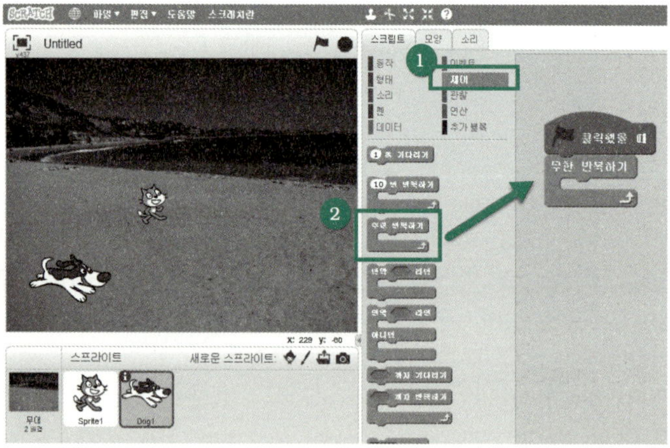

03 [동작] 팔레트의 ❷ 명령 블록을 연결한 다음 ▼을 클릭하여 'Sprite1'을 선택한다.

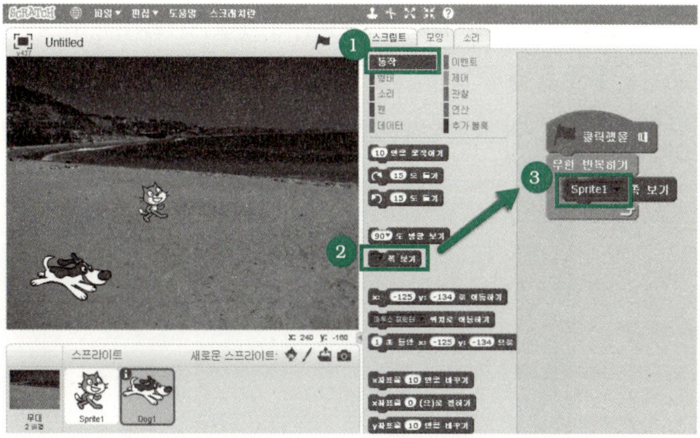

04 ❶ 명령 블록을 연결한 다음 '3'을 입력한다.

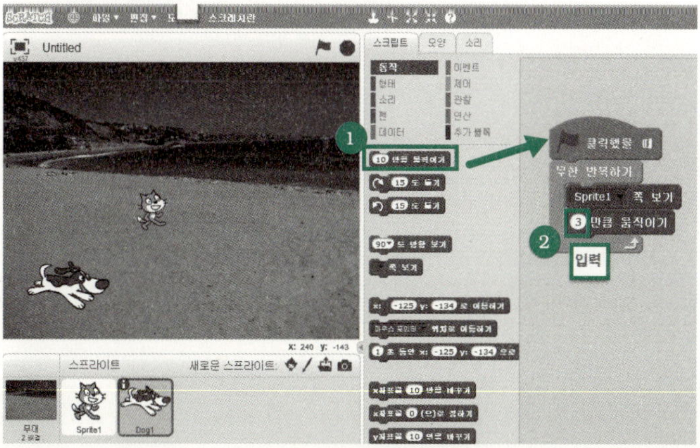

05 [실행(🏴)] 버튼을 클릭한 다음 마우스를 이리저리 움직이면 강아지가 고양이를 따라 다닌다(★고양이의 중심에 마우스가 위치하지 않을 때는 '모양' 탭에서 모양중심 설정).

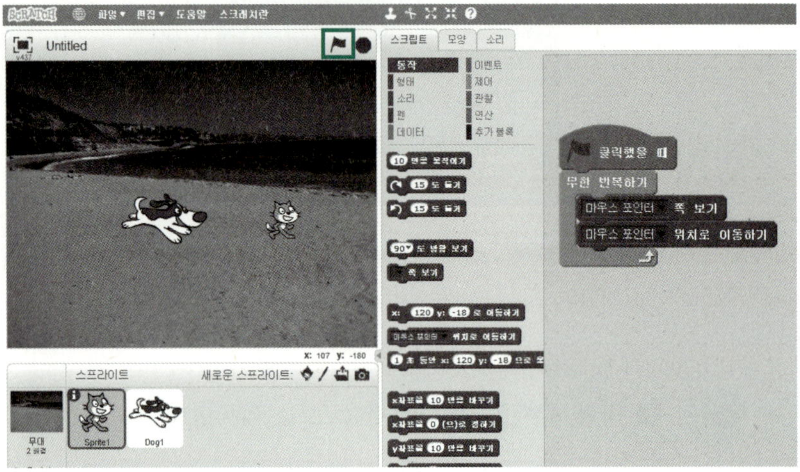

3 원숭이를 춤추게 하기

I 배경 및 스프라이트 불러오기

01 저장소에서 배경 파일을 불러오기 위해 [저장소에서 배경선택]을 클릭한다.

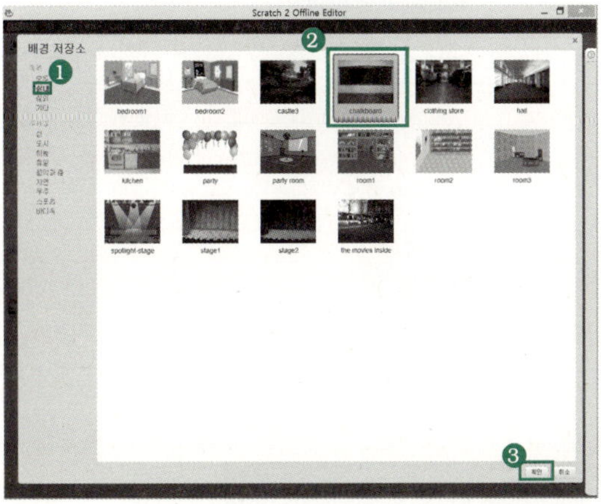

02 [배경 저장소] 대화상자가 나타나면 실내-'chalkboard'를 선택하고 [확인]을 클릭한다.

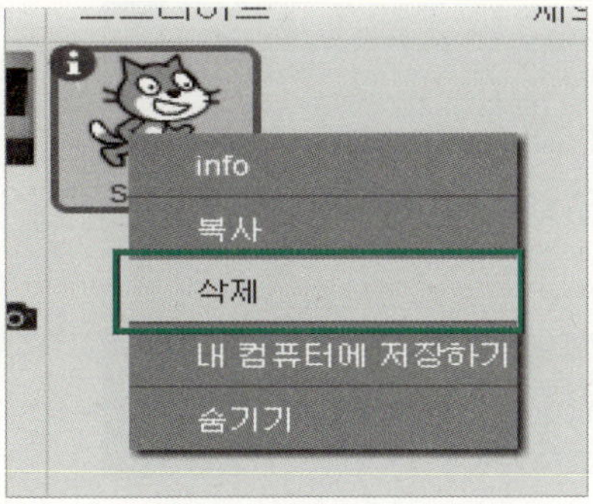

03 기존에 있던 스프라이트를 선택하고 우클릭하면 나오는 선택옵션 중에 '삭제'를 클릭하여 기존의 스프라이트를 삭제한다.

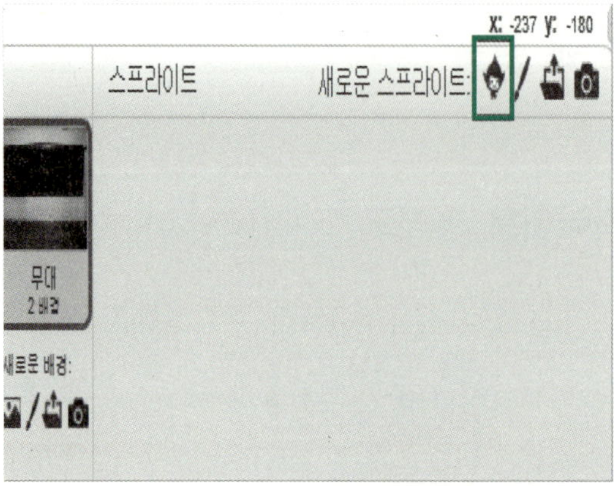

04 저장소에서 스프라이트를 불러오기 위해 [저장소에서 스프라이트 선택]을 클릭한다.

05 Wizard, Button2, Monkey1, Monkey2 스프라이트를 선택한다.

06 불러온 스프라이트를 옆의 그림처럼 배치한다('축소'기능 사용).

II 스페이스를 눌렀을 때 춤추기

01 'Monkey1' 스프라이트를 선택한 다음 [이벤트] 팔레트의 '**클릭했을 때**' 명령 블록을 드래그 해 삽입한다. [제어] 팔레트의 ❸ 명령 블록을 연결한 다음 ❹ 명령 블록을 연결한다.

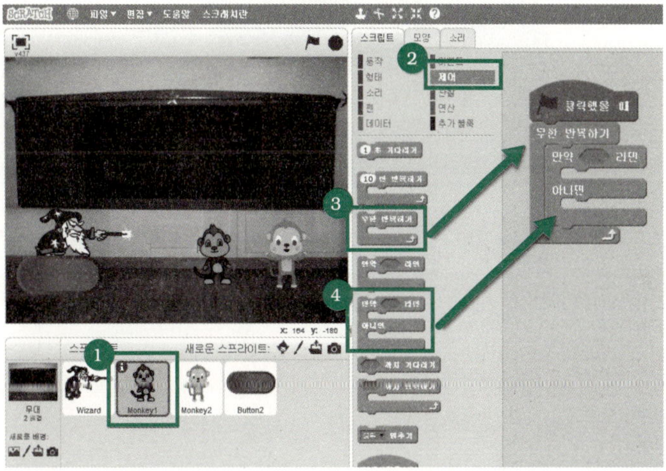

02 [관찰] 팔레트의 ❷ 명령 블록을 조건에 삽입한 다음 '스페이스'가 맞는지 확인한다.

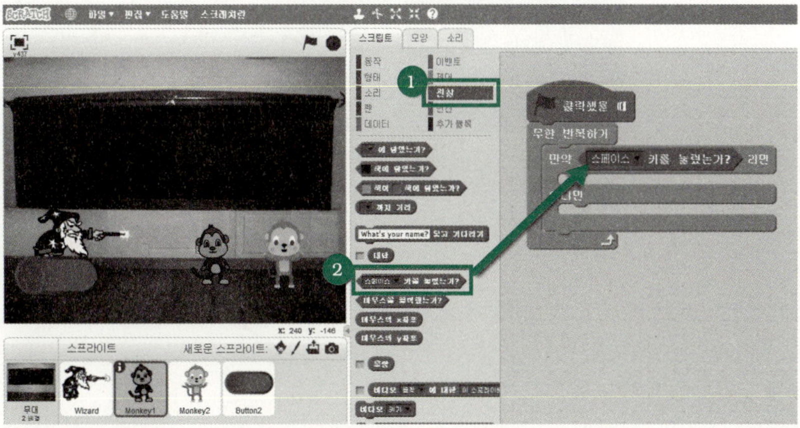

03

[이벤트] 팔레트의 ❷ 명령 블록을 연결한 다음 ▼을 클릭하여 [새 메시지...]를 선택한다. [New Message] 대화상자가 나타나면 '춤추기'를 입력한다.

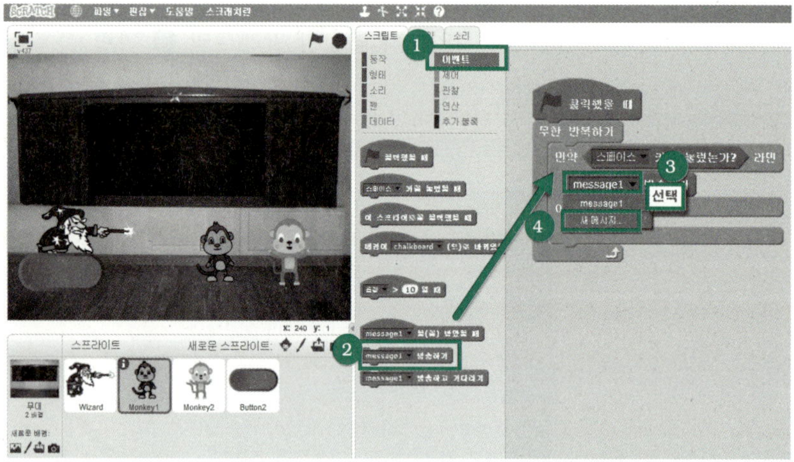

04

[형태] 팔레트의 ❷ 명령 블록을 연결한다.

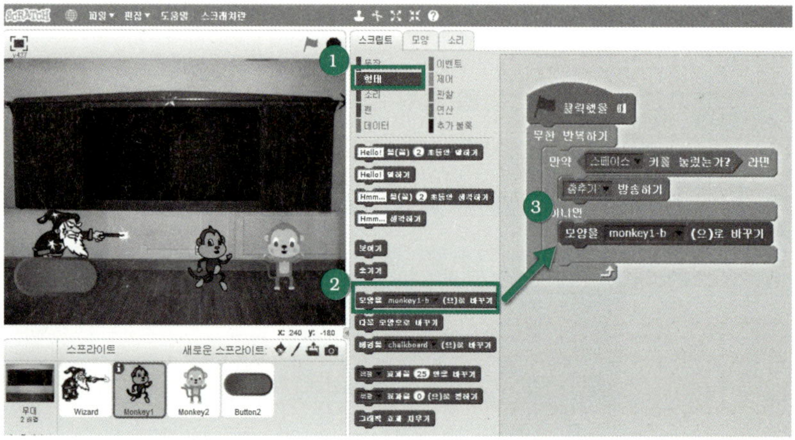

05 [이벤트] 팔레트의 ❷ 명령 블록을 삽입한다.

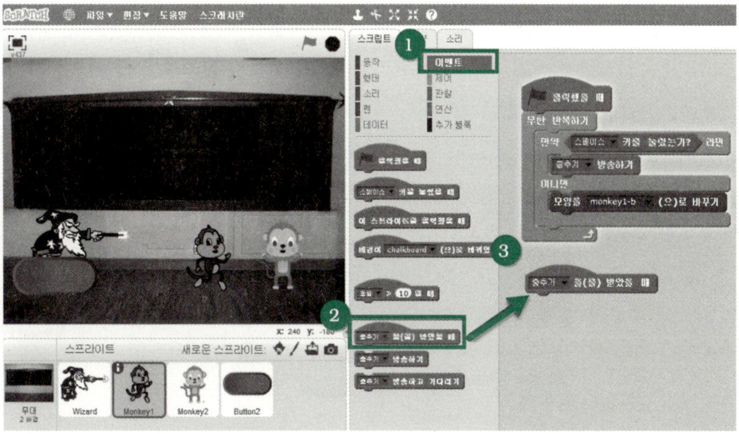

06 [형태] 팔레트에서 ❷ 명령 블록을 연결한 다음 ▼를 클릭하여 'Monkey1-a'를 선택한다.

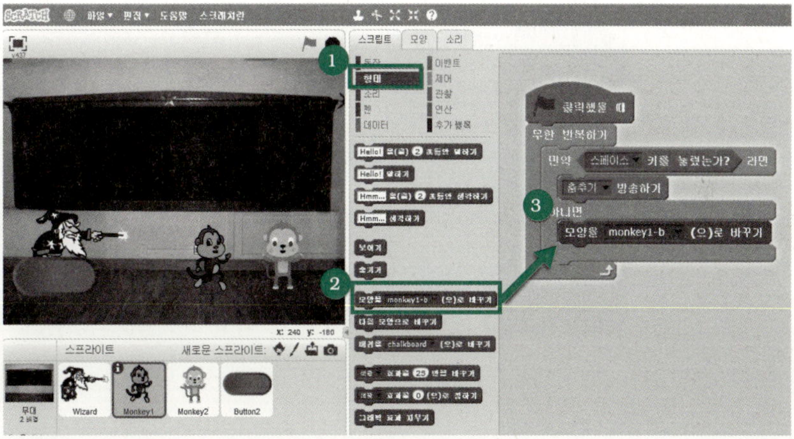

07 [제어] 팔레트에서 ❷ 명령 블록을 연결한 다음 '0.1'을 입력한다.

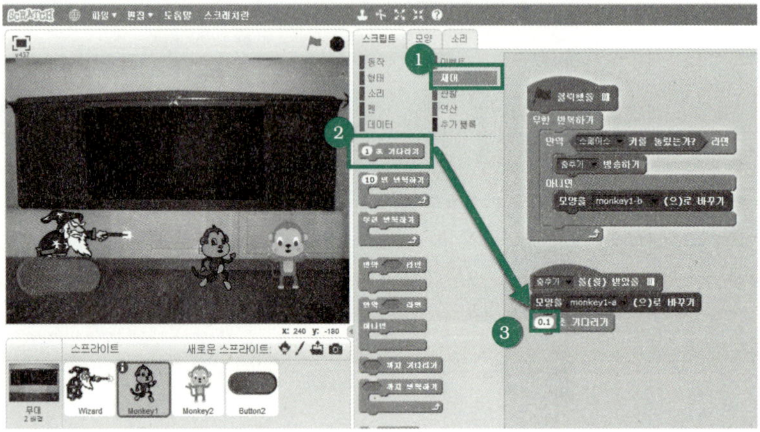

08 'Monkey1' [스크립트]에서 명령블록을 선택한 후 우클릭하여 나오는 선택옵션 중 '복사'를 클릭한다.

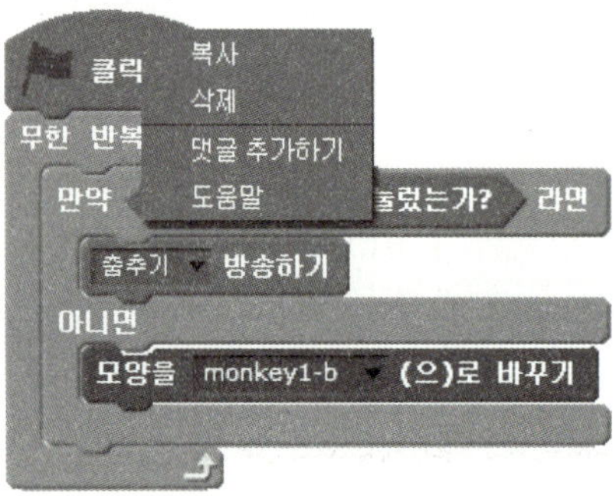

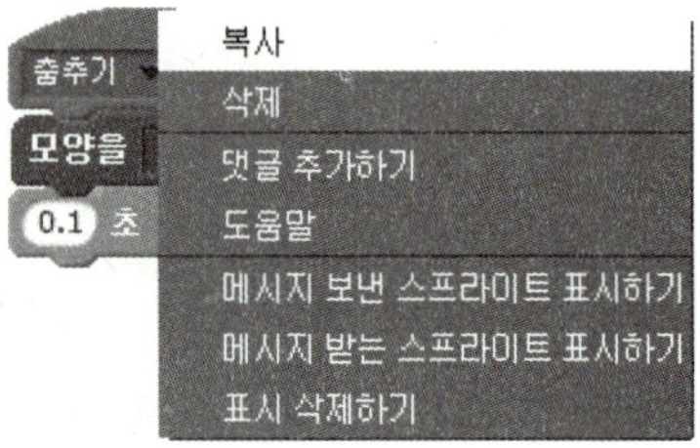

09 복사한 명령블록을 스프라이트 'Monkey2'위로 끌어당긴다.

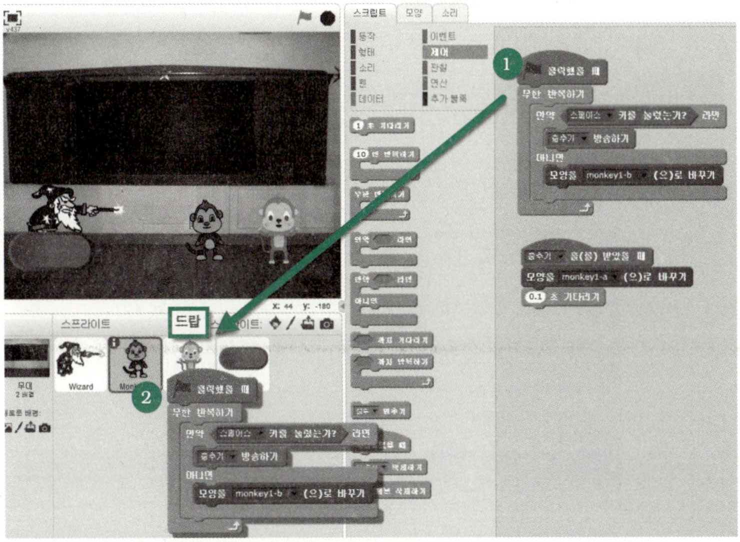

10 'Monkey2' 스프라이트에 'Monkey1'의 명령블록이 복사된 것을 확인한다. 모양을 'Monkey2-b/a'로 바꾼다. 이렇게 하면 'Space Bar' 키를 누를 때마다 모양이 바뀌면서 원숭이들이 춤을 추게 된다.

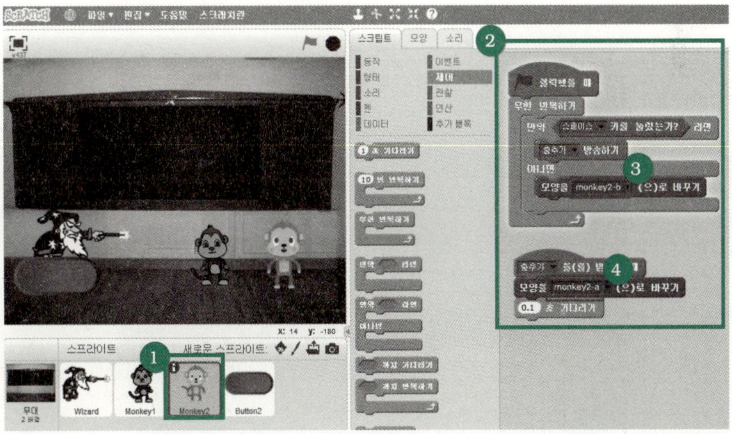

4 박쥐를 피하는 앵무새

I 배경 및 스프라이트 불러오기

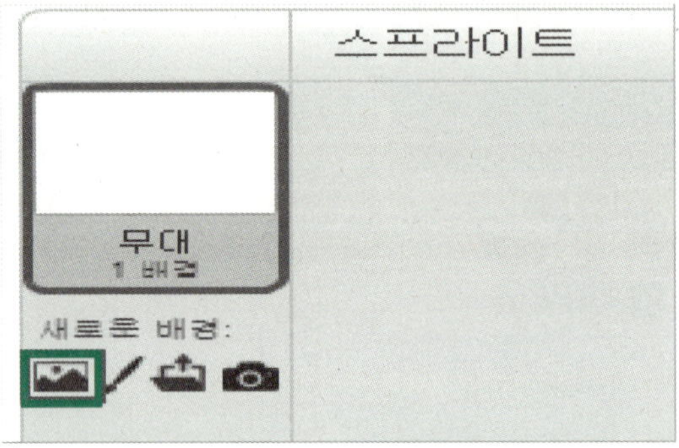

01 배경이 될 무대를 바꾸어 주기 위해 [저장소에서 배경선택]을 클릭한다.

02 이번 게임과 가장 잘 어울리는 배경을 찾기 위해 'castle3'을 선택한다. 'castle3'을 더블 클릭한다.

03 'castle3'가 무대로 들어간 것을 확인할 수 있다. 그럼 이번에는 불규칙적으로 움직이는 박쥐를 넣어주기 위해서 [저장소에서 스프라이트 선택]을 클릭한다.

04 'bat2'를 선택한 후 더블클릭한다.

05 이제는 자유롭게 조종할 수 있는 박쥐를 피해 다닐 앵무새를 만들기 위해 [저장소에서 스프라이드 신덱]을 클릭한 후 이번에는 'parrot' 앵무새를 더블클릭한다.

06 박쥐나 앵무새의 크기를 조절하기 위해서는 [모양] 탭을 선택하여 그림 주변에 생기는 네모의 모서리를 드래그 하여 크기를 조정한다.

II 불규칙적으로 움직이는 박쥐 만들기

01 박쥐 스프라이트를 선택한 후 [스크립트] 탭을 클릭한다. [이벤트] 팔레트의 ❹ 명령블록을 드래그 하여 스크립트 영역에 옮겨놓는다.

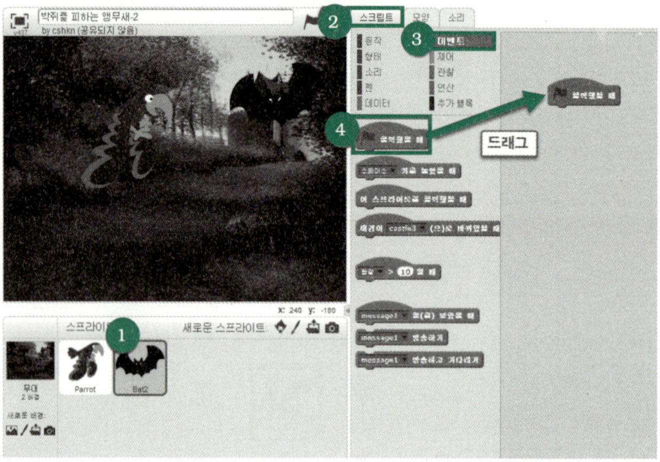

02 **'클릭했을 때'** 명령블록을 아래쪽에 [제어] 팔레트의 ❷를 드래그 하여 스크립트 영역에 옮겨놓는다.

03 ‘**무한반복하기**’ 사이에 [형태] 팔레트의 ❷를 드래그해서 집어넣는다.

04 [제어] 팔레트의 ❷를 드래그 하여 ‘**다음모양 바꾸기**’의 아래쪽에 넣는다. 그러면 1초마다 박쥐의 날개가 위아래로 반복해서 모양을 바꾸어 박쥐가 날아가는 것처럼 보이게 된다.

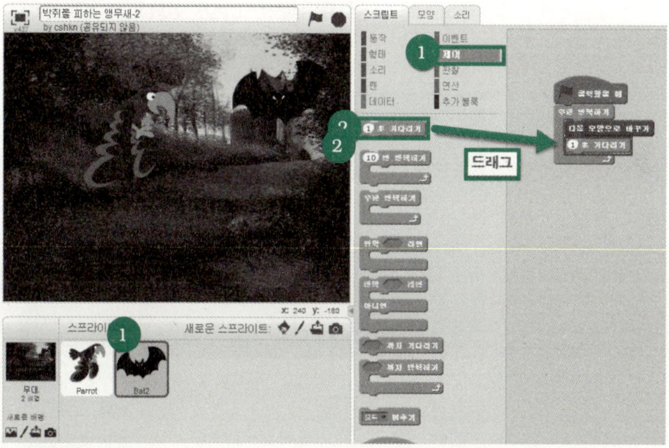

05 박쥐가 날아가는 것처럼 보이도록 날갯짓을 하게 되었으니 이제 실제로 움직이도록 해보자.

'**클릭했을 때**'와 '**무한반복하기**'를 드래그 하여 스크립트 영역에 옮겨놓는다.

06 [동작] 팔레트의 ❷와 ❸을 차례로 드래그해서 넣는다. 이렇게 하면 박쥐가 움직이다가 벽에 부딪히면 튕겨 나와 반대로 움직이는 동작을 반복하게 된다.

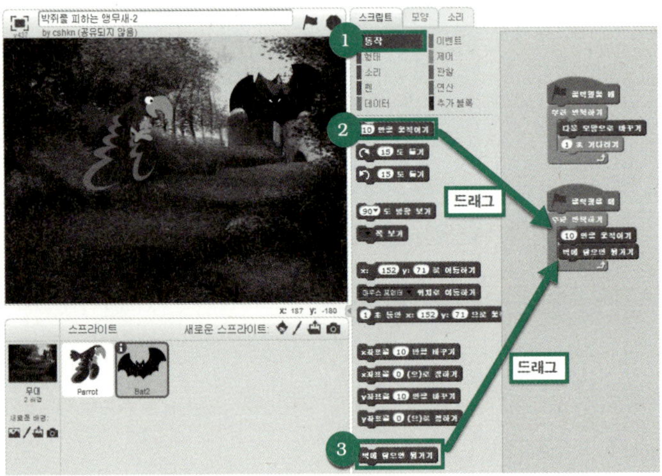

07 먼저 '**클릭했을 때**'와 '**무한반복하기**'를 드래그 하여 스크립트 영역에 옮겨놓은 후 [동작] 팔레트의 ❷를 드래그 하여 넣는다.

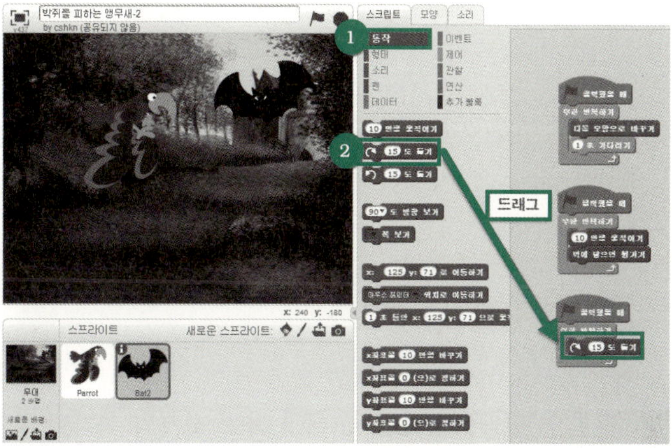

08 [제어] 팔레트의 ❷를 드래그 하여 '15도 돌기'의 아래쪽에 붙여 넣는다. 이렇게 하면 박쥐가 일정한 시간마다 일정한 각도로 돌게 된다. 불규칙적으로 박쥐가 움직이도록 하려면 도는 각도와 시간을 불규칙적으로 해준다.

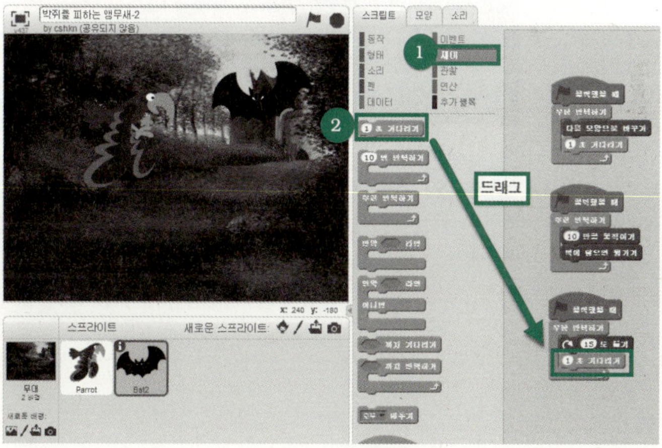

09 돌기와 기다리기 안의 숫자가 일정한 숫자가 아니라 예측할 수 없는 불규칙한 숫자가 무작위로 들어가도록 한다. 주사위를 던졌을 때 어떤 수가 나올지 모르는 것처럼 예상할 수 없는 수를 바로 난수라고 한다.

10 [연산] 팔레트의 ❷를 드래그 하여 숫자의 위치에 넣어준다. 그 다음 난수의 범위를 설정해주면 불규칙적으로 움직이는 박쥐 만들기가 끝난다.

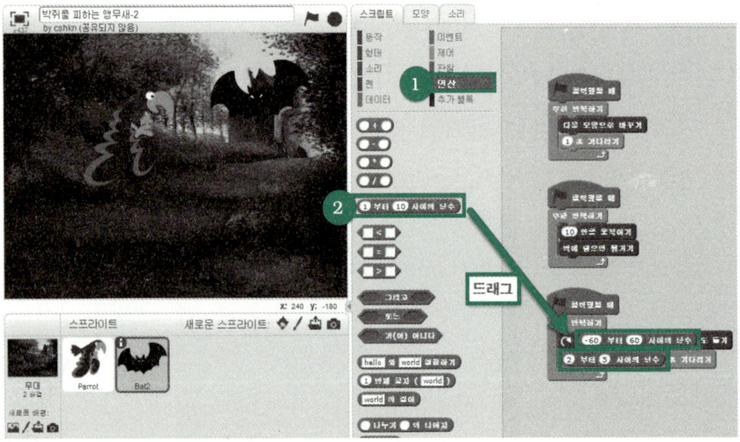

III 방향키로 조종할 수 있는 앵무새 만들기

01 먼저 스프라이트 영역에서 앵무새를 클릭한다. 그 다음 [제어] 팔레트에서 ❸을 드래그 하여 스크립트 영역에 옮겨 놓는다.

02 [관찰] 팔레트의 ❷를 드래그 하여 만약 ~라면의 사이에 옮겨 놓는다. 그 다음 '스페이스'를 위쪽 화살표로 바꾸어 준다.

03 **'만약~라면'** 사이에 ❷와 ❸을 넣은 후 ❸의 숫자를 '0'으로 바꾸어 준다. 그러면 위쪽 화살표를 눌렀을 때 위쪽 방향으로 10만큼 이동하는 앵무새를 볼 수 있다.

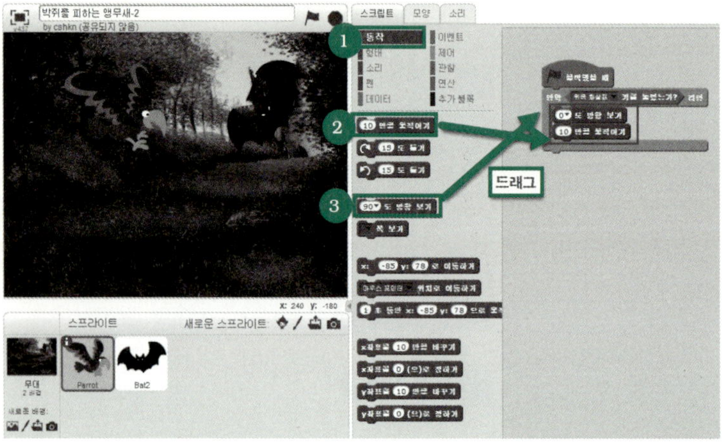

04 이제 네 가지 방향의 방향키에 따른 움직임을 그림과 같이 연결해 주면 앵무새가 방향키를 누른 방향으로 움직이는 것을 확인할 수 있다.

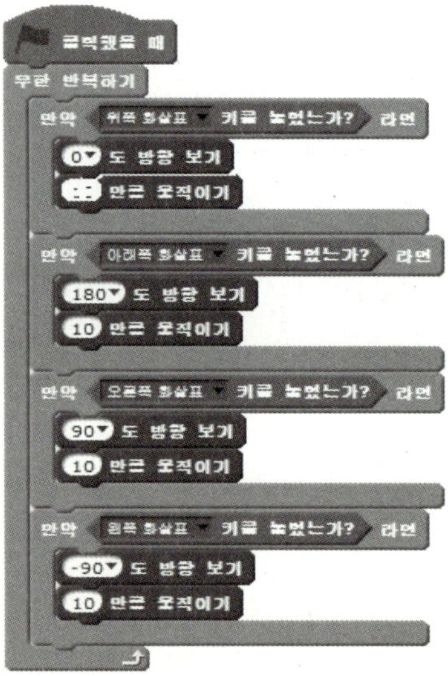

05 이제 앵무새가 박쥐에 닿았을 때 게임이 종료 되도록 해보자. 먼저 '**클릭하였을 때**' 앵무새가 나타나도록 ❷를 넣어준다. 이것은 게임이 종료되더라도 새로 시작하면 앵무새가 보이기 위해서 넣는다.

06 [제어] 팔레트의 '**만약~라면**' 사이에 [관찰] 팔레트의 ❷를 넣고 ▼를 클릭하여 'bat2'를 선택한다.

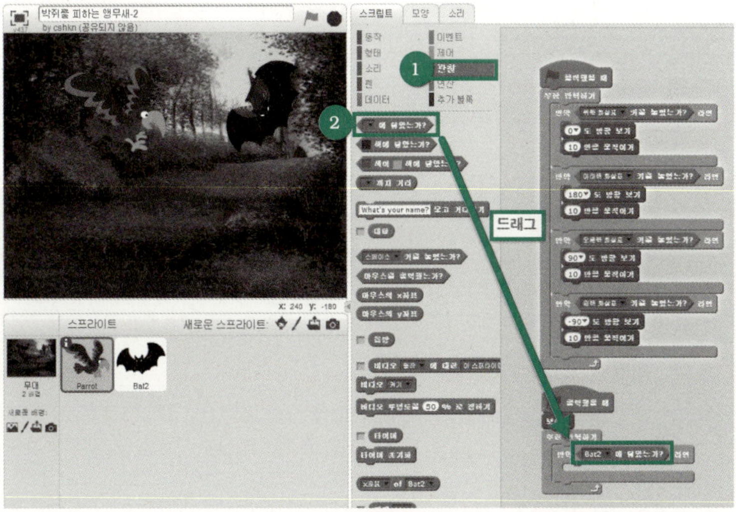

07

❶을 넣으면 앵무새가 박쥐에 닿았을 때 앵무새를 '숨기기'함으로써 앵무새가 사라지는 것처럼 보이게 한다.

❷와 ❸을 차례로 넣으면 1초 후에 모든 실행을 멈추면서 게임이 종료된다.

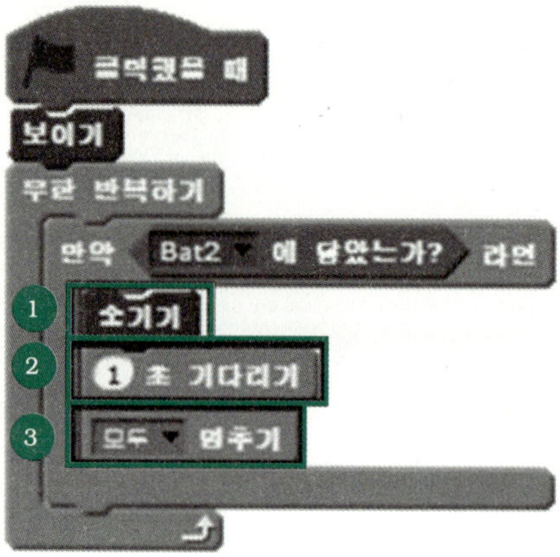

Ⅱ

아두이노

1. 아두이노를 위한 스크래치 설치
2. 스크래치로 LED 제어
3. 스위치를 사용한 LED 제어
4. 아두이노 예제 맛보기

CHAPTER 01 아두이노를 위한 스크래치 설치

1 아두이노 UNO 보드

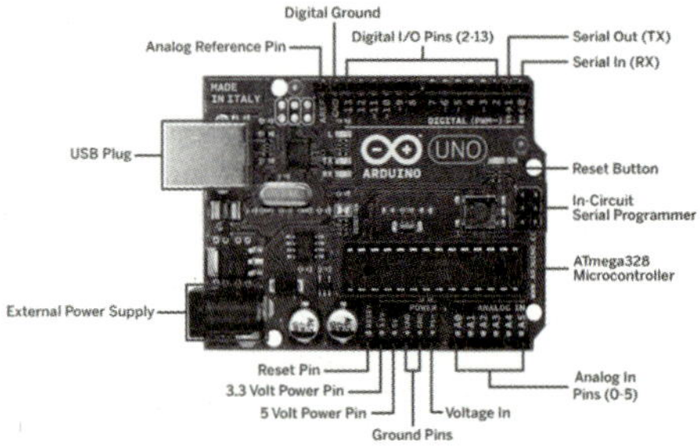

아두이노 UNO 보드는 14개의 디지털 입/출력 핀을 통하여 디지털 정보를 출력하거나 입력 받을 수 있고, 6개의 아날로그 입력 핀을 통하여 센서 등의 다양한 정보를 받아들여 제어에 활용할 수 있으며, PWM출력과 시리얼 통신 등이 가능하여 모터제어나 다양한 통신제어를 할 수 있다.

2 아두이노 IDE(Integrated development environment) 설치하기

아두이노는 마이크로프로세서나 컴퓨터 하드웨어 등에 대한 전문적인 지식이 없는 사람들이 여러 가지 마이크로프로세서를 기반으로 하는 제어장치를 쉽게 구현할 수 있도록 만들어져 있는 시스템 구현 도구이다.

아두이노 프로그래밍은 스크래치처럼 초보자도 쉽게 사용할 수 있는 환경을 제공하고 있지만 전문적인 수준의 기능을 구현할 수 있도록 다양한 확장성을 제공한다. 더욱이 관련된 하드웨어와 소프트웨어 자료들을 공유하고 있으며, 아두이노 보드를 사용한 많은 활용 예제 코드들을 공개되어 있어서 초보자라 하더라도 원하는 기능을 구현하기 쉽다.

아두이노 IDE를 설치하기 위해서는 아두이노 IDE 페이지로 이동해 설치 파일을 다운로드 한다. 아두이노 IDE 페이지 : http://arduino.cc/en/Main/Software

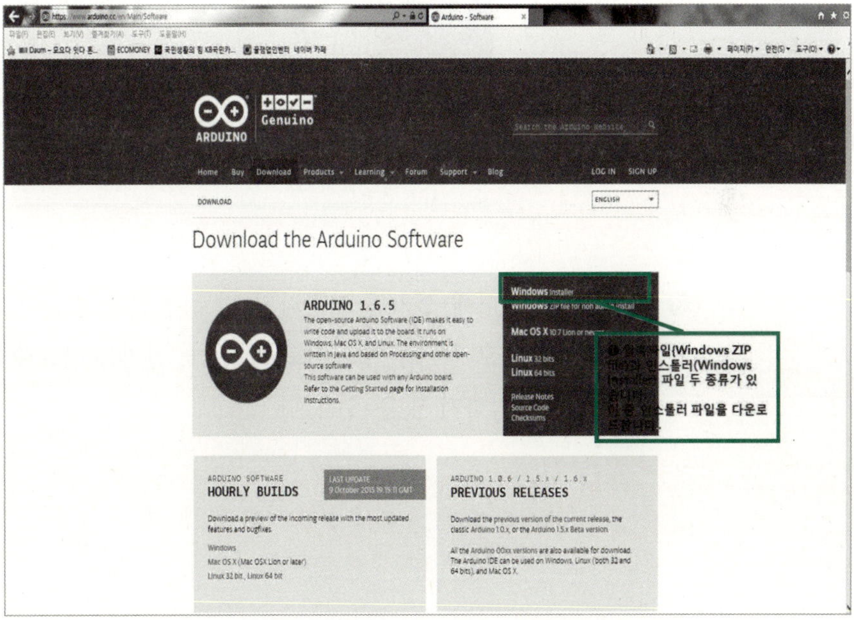

PC 환경

- window 버전 : window7
- 메모리(RAM)용량 : 4.00GB
- 시스템 종류 : 32비트 운영체제

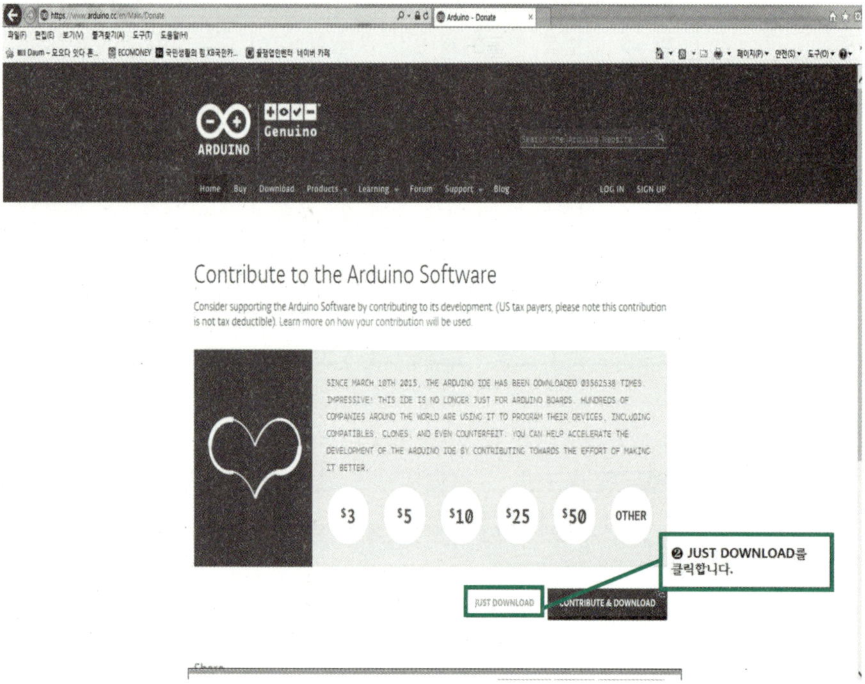

❸ 만약 다른 폴더에 설치하고 싶다면 경로 중간에 한글이 포함되지 않도록 한다. 또한 경로가 너무 길어서도 안 된다. 설치를 완료해도 프로그램이 정상적으로 동작하지 않을 수 있다.

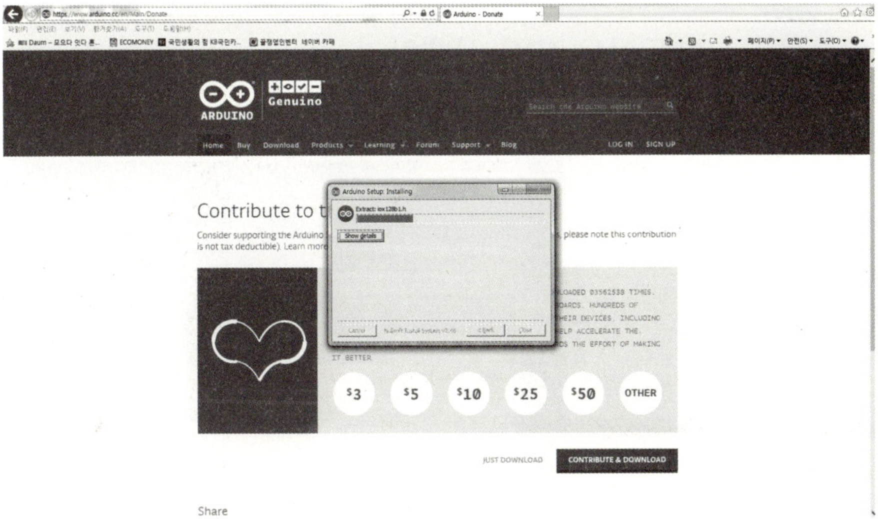

❹ 중간에 드라이버를 설치하겠냐고 묻는다면 확인을 눌러준다.

3 아두이노 IDE 실행하기

- 아두이노 IDE 설치를 완료했다면 실행해본다.
- 아두이노 IDE는 아두이노에서 실행할 프로그램을 작성하는 도구이다. 아두이노 IDE를 이용해 코드를 입력하고 아두이노에 업로드하면 아두이노가 작동하게 된다. 아두이노 IDE에서는 코드를 작성하는 문서의 단위를 스케치라고 부른다.
- 아두이노 IDE를 처음 실행하면 탭 부분에 영어로 sketch_OCT10a라고 적힌 것을 볼 수 있다.

4 아두이노 IDE 구성 알아보기

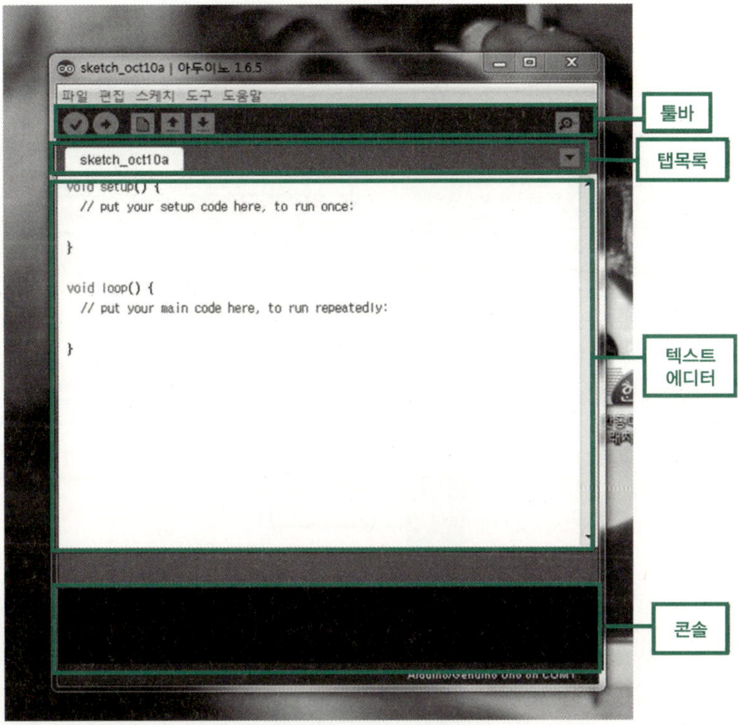

01 아두이노 IDE는 다음과 같이 구성되어 있다.

- **툴바** : 아두이노 IDE에서 사용하는 기능의 버튼이다.
- **탭 목록** : 하나의 스케치는 여러 개의 파일로 이루어질 수 있다. 탭 목록은 스케치에 포함된 파일들을 탭 목록으로 표시해서 보여주는 부분이다.
- **텍스트 에디터** : 코드를 입력하는 부분이다.
- **콘솔** : 아두이노 IDE와 관련된 정보가 표시되는 곳이다. 코드를 작성하고 에러가 나는 경우 콘솔을 이용해 에러가 난 부분을 확인할 수 있다.

02 툴바 버튼 설명

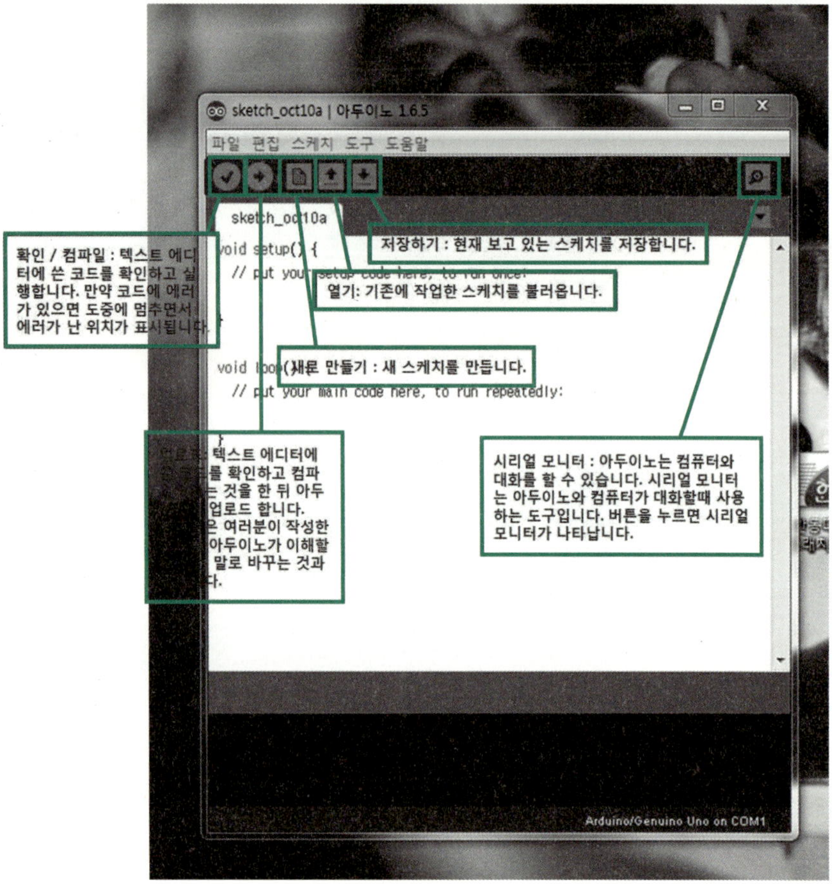

sketch_oct10a | 아두이노 1.6.5
파일 편집 스케치 도구 도움말
확인 / 컴파일 : 텍스트 에디터에 쓴 코드를 확인하고 실행합니다. 만약 코드에 에러가 있으면 도중에 멈추면서 에러가 난 위치가 표시됩니다.
저장하기 : 현재 보고 있는 스케치를 저장합니다.
열기: 기존에 작업한 스케치를 불러옵니다.
새로운 만들기 : 새 스케치를 만듭니다.
텍스트 에디터에
를 확인하고 컴파
는 것을 한 뒤 아두
업로드 합니다.
은 여러분이 작성한
아두이노가 이해할
말로 바꾸는 것과
다.
시리얼 모니터 : 아두이노는 컴퓨터와 대화를 할 수 있습니다. 시리얼 모니터는 아두이노와 컴퓨터가 대화할때 사용하는 도구입니다. 버튼을 누르면 시리얼 모니터가 나타납니다.
Arduino/Genuino Uno on COM1

5 아두이노 보드 연결 포트 알아보기

아두이노 USB 드라이버가 정상적으로 설치되면, 장치관리자의 포트(COM&LPT)에서 확인이 가능하다.

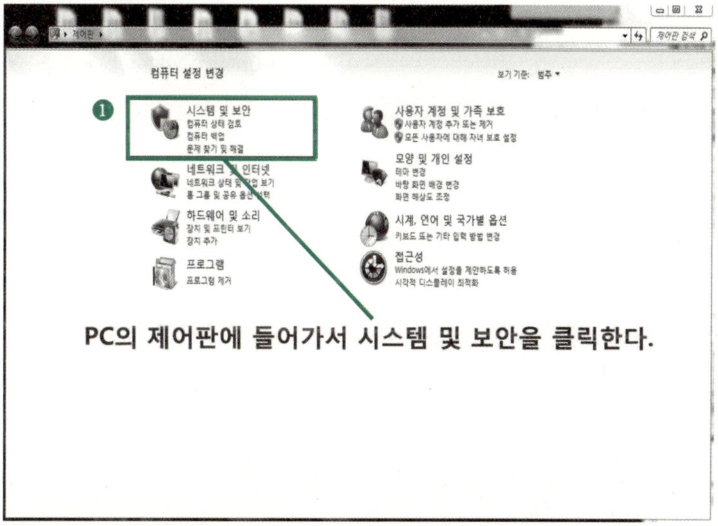

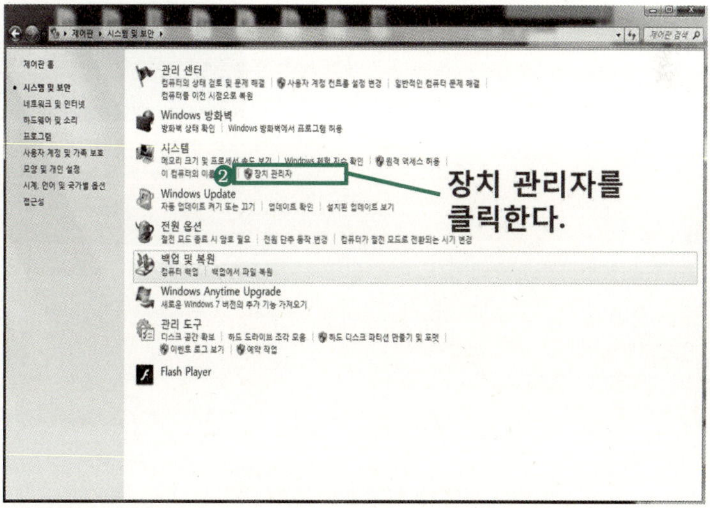

❸ PC의 시리얼 포트 8번(COM8)에 연결되었다면 Arduino Uno(COM8)로 나타난다. 또한 아두이노의 IDE에서도 '도구-시리얼 포트'를 클릭하면 확인이 가능하다.

☛ 설명 보충

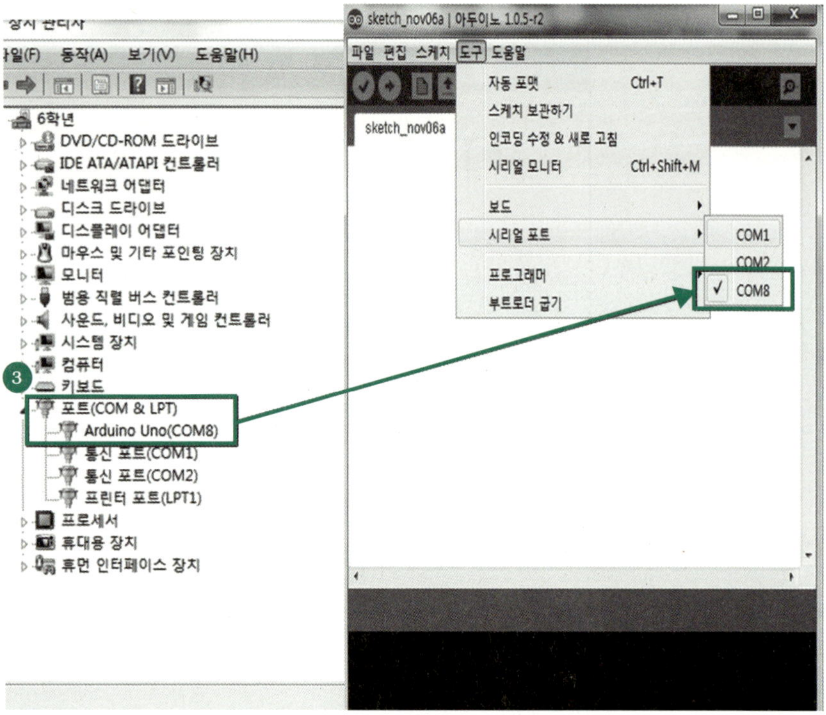

6 스크래치로 아두이노 제어하기

I 아두이노를 위한 스크래치(S4A)의 설치

※ 스크래치로 아두이노 보드를 제어하기 위한 3가지 절차

1단계		2단계		3단계
S4A 다운로드와 설치	➡	아두이노 1)펌웨어 초기화	usb cable 연결	아두이노 보드 연결 S4A 실행
	s4a16.exe 설치		↔ 업로드	
http://s4a.cat/		개발용 PC		아두이노 보드

1) 펌웨어 :소프트웨어 프로그램을 읽어 실행하거나, 수정되는 것도 가능한 장치를 뜻한다.

01 S4A의 다운로드와 설치

❶ S4A 공식 홈페이지 http://s4a.cat에 접속한다.

❷ 다운로드 탭을 선택한다.

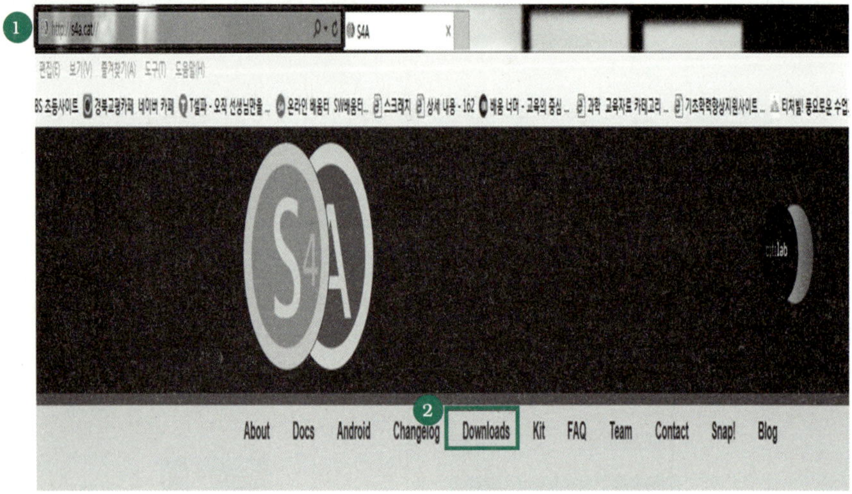

❸ "Installing S4A into your computer"에서 "window"를 선택하여 "S4A16.zip" 파일을 컴퓨터에 저장한다.

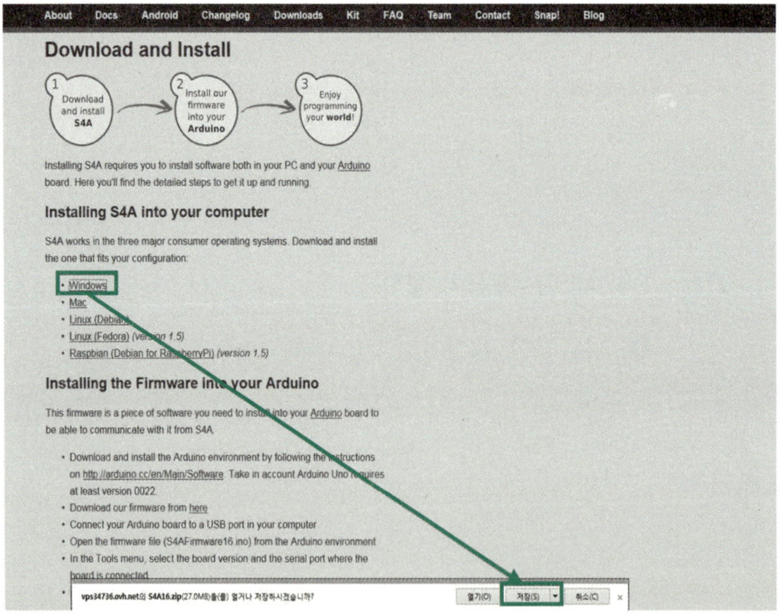

❹ 저장된 "S4A16.zip"파일의 압축을 풀고 "S4A16.exe"을 실행시킨다.

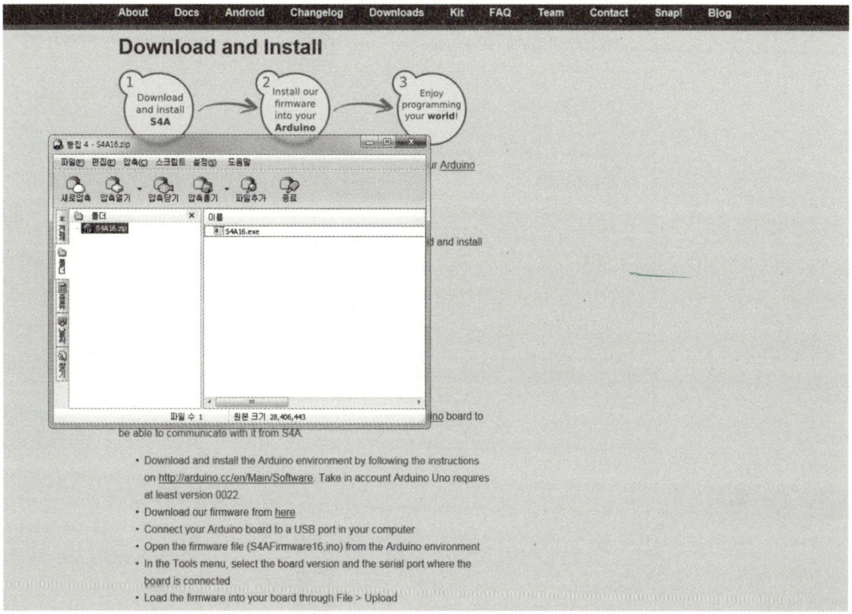

❺ 설치가 완료(finish)될 때까지 원하는 환경을 선택하며 계속 Next를 클릭한다.

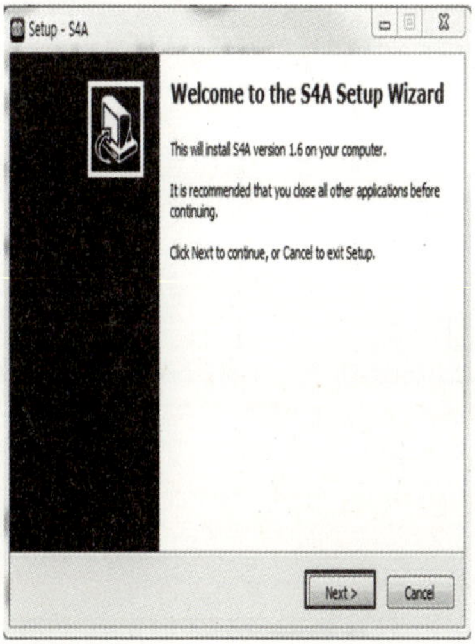

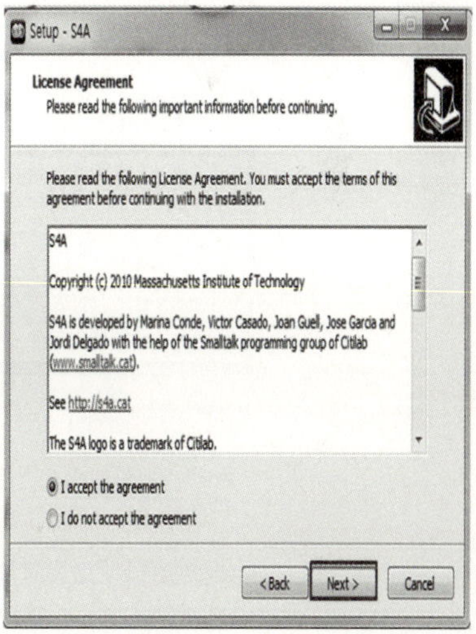

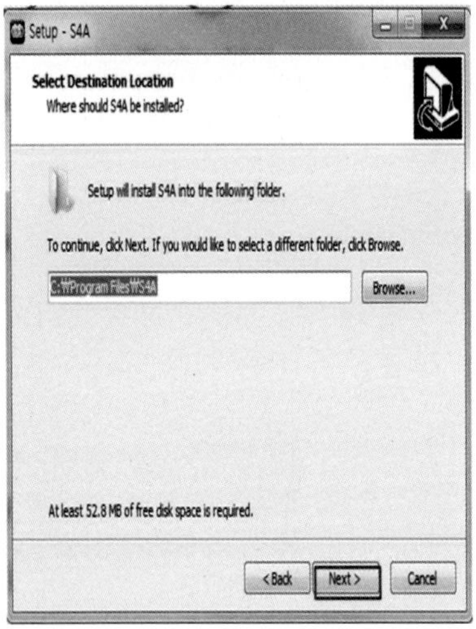
Setup - S4A
Select Destination Location
Where should S4A be installed?
Setup will install S4A into the following folder.
To continue, click Next. If you would like to select a different folder, click Browse.
C:₩Program Files₩S4A
Browse...
At least 52.8 MB of free disk space is required.
< Back
Next >
Cancel

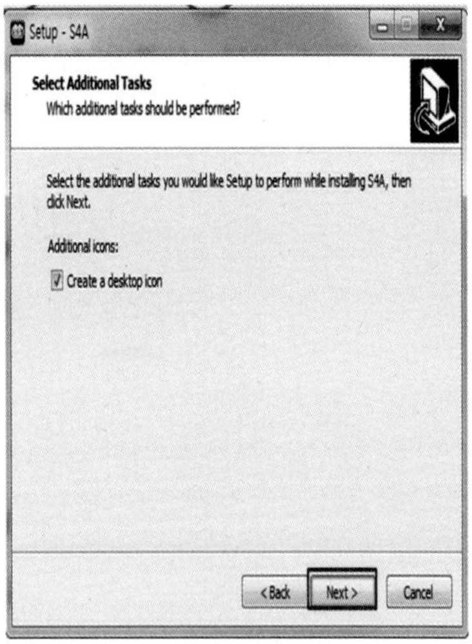
Setup - S4A
Select Additional Tasks
Which additional tasks should be performed?
Select the additional tasks you would like Setup to perform while installing S4A, then click Next.
Additional icons:
Create a desktop icon
< Back
Next >
Cancel

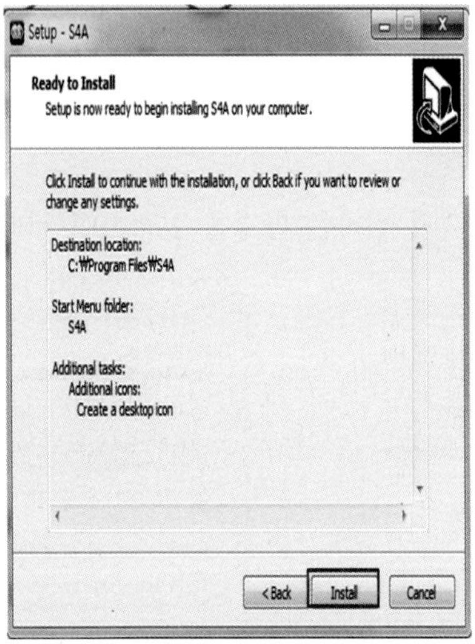
Setup - S4A
Ready to Install
Setup is now ready to begin installing S4A on your computer.
Click Install to continue with the installation, or click Back if you want to review or change any settings.
Destination location:
C:₩Program Files₩S4A
Start Menu folder:
S4A
Additional tasks:
Additional icons:
Create a desktop icon
< Back
Install
Cancel

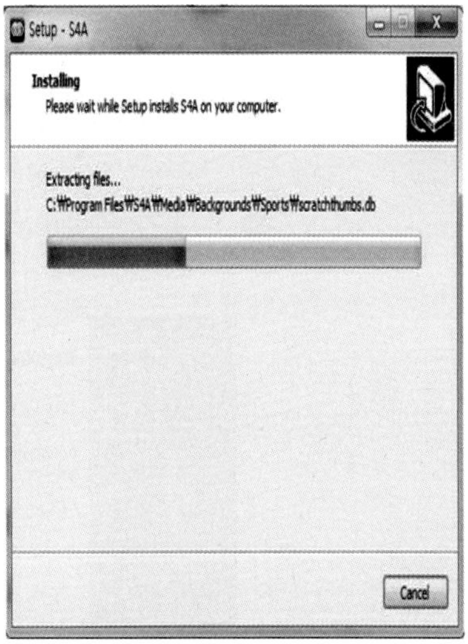
Setup - S4A
Installing
Please wait while Setup installs S4A on your computer.
Extracting files...
C:₩Program Files₩S4A₩Media₩Backgrounds₩Sports₩scratchthumbs.db
Cancel

❻ 모든 설치가 완료되면 S4A가 실행되어 다음과 같은 화면이 나타난다.

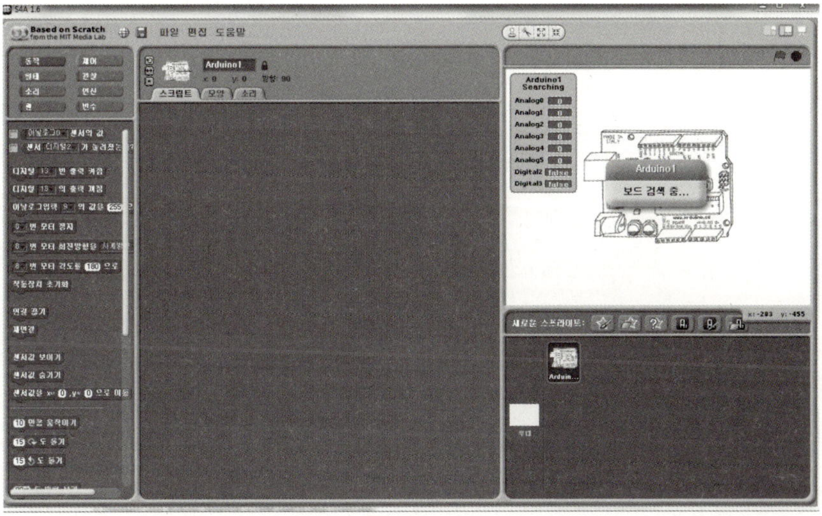

02 아두이노 펌웨어 초기화

❶ S4A를 처음 설치하여 실행시키고 PC에 아두이노 보드를 연결하면 S4A가 아두이노 보드를 인식하지 못하고 프로그램 창 오른쪽에 아래와 같이 "보드 검색 중..."라는 메시지가 나타난다.

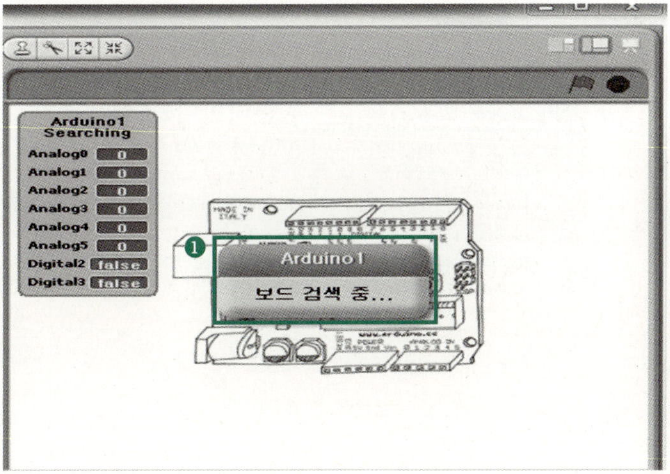

❷ S4A에서 인식할 수 있도록 아두이노 보드에 펌웨어(firmware)를 설치한다.

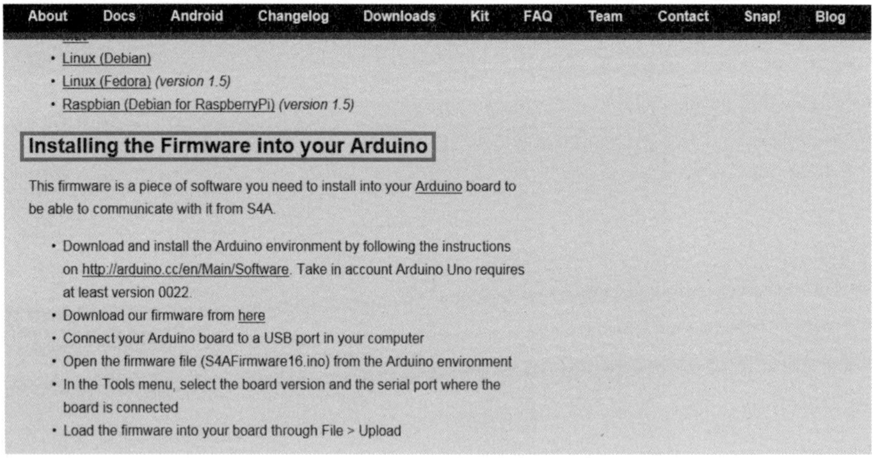

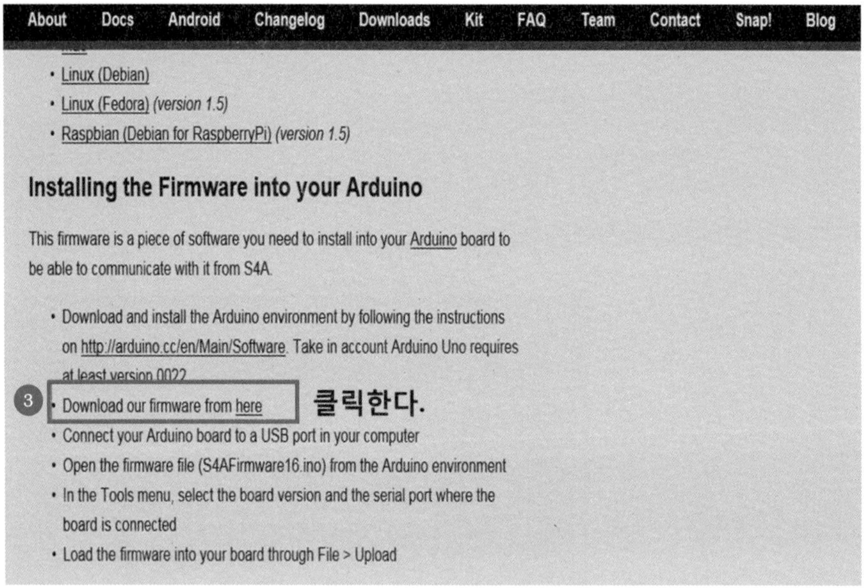

❹ 아두이노 펌웨어 스케치를 복사한다.

```
// NEW IN VERSION 1.6c (by Jorge Gomez):
// Fixed variable type in pin structure: pin.state should be int, not byte
// Optimized speed of execution while receiving data from computer in readSerialPort()

// NEW IN VERSION 1.6b (by Jorge Gomez):
// Added new structure arduinoPins to hold the pins information:
//  - This makes the code easier to read and modify (IMHO)
//  - Allows to change the type of pin more easily to meet non standard use of S4A
//  - Eliminates the need of having to deal with different kind of index access (ie: states[pin-4])
//  - By using an enum to hold all the possible output pin states the code is now more readable
// Changed all functions using old style pin access: configurePins(), resetPins(), readSerialPort(), updateActuator() and sendUpdateActuator()
// Fixed possible overflow every 70 minutes (2e32 us) in pulse() while using micros(). Changed for delayMicroseconds()
// Some minor coding style fixes

// NEW IN VERSION 1.6a  (by Jorge Gomez):
// Fixed compatibility with Arduino Leonardo by avoiding the use of timers
// readSerialPort() optimized:
//  - created state machine for reading the two bytes of the S4A message
//  - updateActuator() is only called if the state is changed
// Memory use optimization
// Cleaning some parts of code
// Avoid using some global variables

// NEW IN VERSION 1.6:
// Refactored reset pins
// Merged code for standard and CR servos
// Merged patch for Leonardo from Peter Mueller (many thanks for this!)

// NEW IN VERSION 1.5:
// Changed pin 8 from standard servo to normal digital output

// NEW IN VERSION 1.4:
// Changed Serial.print() for Serial.write() in ScratchBoardSensorReport function to make it compatible with latest Arduino IDE (1.0)

// NEW IN VERSION 1.3:
// Now it works on GNU/Linux. Also tested with MacOS and Windows 7.
// timer2 set to 20ms, fixing a glitch that made this period unstable in previous versions.
// readSerialport() function optimized.
// pulse() modified so that it receives pulse width as a parameter instead using a global variable.
// updateServoMotors changes its name as a global variable had the same name.
// Some minor fixes.

typedef enum {
  input, servomotor, pwm, digital }
pinType;

typedef struct pin {
  pinType type;       //Type of pin
  int state;         //State of an output
  //byte value;       //Value of an input. Not used by now. TODO
};

pin arduinoPins[14];  //Array of struct holding 0-13 pins information

unsigned long lastDataReceivedTime = millis();

void setup()
{
  Serial.begin(38400);
  Serial.flush();
```

여기서 잠깐

- 아두이노 펌웨어 스케치를 복사할 때에는 크롬 브라우저를 통해서 복사하는 것이 아두이노의 IDE에 업로드가 정상적으로 된다. Internet Explore 환경에서는 아두이노 펌웨어 스케치가 아두이노 IDE에 업로드가 잘 되지 않는다.

```
// NEW IN VERSION 1.6c (by Jorge Gomez): // Fixed variable type in pin structure: pin.state should be int, not byte // Optimized speed of execution while receiving data from computer in readSerialPort() // NEW IN VERSION 1.6b (by Jorge Gomez): // Added
new structure arduinoPins to hold the pins information: // - This makes the code easier to read and modify (IMHO) // - Allows to change the type of pin more easily to meet non standard use of S4A // - Eliminates the need of having to deal with different kind
of index access (ie: states[pin-4]) // - By using an enum to hold all the possible output pin states the code is now more readable // Changed all functions using old style pin access: configurePins(), resetPins(), readSerialPort(), updateActuator() and
sendUpdateActuator() // Fixed possible overflow every 70 minutes (2e32 us) in pulse() while using micros(). Changed for delayMicroseconds() // Some minor coding style fixes // NEW IN VERSION 1.6a (by Jorge Gomez): // Fixed compatibility with Arduino
Leonardo by avoiding the use of timers // readSerialPort() optimized: // - created state machine for reading the two bytes of the S4A message // - updateActuator() is only called if the state is changed // Memory use optimization // Cleaning some parts of
code // Avoid using some global variables // NEW IN VERSION 1.6: // Refactored reset pins // Merged code for standard and CR servos // Merged patch for Leonardo from Peter Mueller (many thanks for this!) // NEW IN VERSION 1.5: // Changed pin 8 from
standard servo to normal digital output // NEW IN VERSION 1.4: // Changed Serial.print() for Serial.write() in ScratchBoardSensorReport function to make it compatible with latest Arduino IDE (1.0) // NEW IN VERSION 1.3: // Now it works on GNU/Linux. Also
tested with MacOS and Windows 7. // timer2 set to 20ms, fixing a glitch that made this period unstable in previous versions. // readSerialport() function optimized. // pulse() modified so that it receives pulse width as a parameter instead using a global
variable. // updateServoMotors changes its name as a global variable had the same name. // Some minor fixes. typedef enum { input, servomotor, pwm, digital } pinType; typedef struct pin { pinType type; //Type of pin int state; //State of an output //byte
value; //Value of an input. Not used by now. TODO }; pin arduinoPins[14]; //Array of struct holding 0-13 pins information unsigned long lastDataReceivedTime = millis(); void setup() { Serial.begin(38400); Serial.flush(); configurePins(); resetPins(); } void loop()
{ static unsigned long timerCheckUpdate = millis(); if (millis()-timerCheckUpdate>=20) { sendUpdateServomotors(); sendSensorValues(); timerCheckUpdate=millis(); } readSerialPort(); } void configurePins() { arduinoPins[0].type=input; arduinoPins
[1].type=input; arduinoPins[2].type=input; arduinoPins[3].type=input; arduinoPins[4].type=servomotor; arduinoPins[5].type=pwm; arduinoPins[6].type=pwm; arduinoPins[7].type=servomotor; arduinoPins[8].type=servomotor; arduinoPins[9].type=pwm;
arduinoPins[10].type=digital; arduinoPins[11].type=digital; arduinoPins[12].type=digital; arduinoPins[13].type=digital; } void resetPins() { for (byte index=0; index <=13; index++) { if (arduinoPins[index].type!=input) { pinMode(index, OUTPUT); if (arduinoPins
[index].type==servomotor) { arduinoPins[index].state = 255; servo (index, 255); } else { arduinoPins[index].state=0; digitalWrite(index,LOW); } } } } void sendSensorValues() { unsigned int sensorValues[6], readings[5]; byte sensorIndex; for (sensorIndex
= 0; sensorIndex < 6; sensorIndex++) //for analog sensors, calculate the median of 5 sensor readings in order to avoid variability and power surges { for (byte p = 0; p < 5; p++) readings[p] = analogRead(sensorIndex); insertionSort(readings, 5); //sort
readings sensorValues[sensorIndex] = readings[2]; //select median reading } //send analog sensor values for (sensorIndex = 0; sensorIndex < 6; sensorIndex++) ScratchBoardSensorReport(sensorIndex, sensorValues[sensorIndex]); //send digital sensor
values ScratchBoardSensorReport(6, digitalRead(2)?1023:0); ScratchBoardSensorReport(7, digitalRead(3)?1023:0); } void insertionSort(unsigned int* array, unsigned int n) { for (int i = 1; i < n; i++) for (int j = i; (j > 0) && ( array[j] < array[j-1] ); j--) swap( array,
j, j-1 ); } void swap(unsigned int* array, unsigned int a, unsigned int b) { unsigned int temp = array[a]; array[a] = array[b]; array[b] = temp; } void ScratchBoardSensorReport(byte sensor, int value) //PicoBoard protocol, 2 bytes per sensor { Serial.write
( B10000000 | ((sensor & B1111)<<3) | ((value>>7) & B111)); Serial.write( value & B1111111); } void readSerialPort() { byte pin; int newVal; static byte actuatorHighByte, actuatorLowByte; static byte readingSM = 0; if (Serial.available()) { if (readingSM == 0)
{ actuatorHighByte = Serial.read(); if (actuatorHighByte >= 128) readingSM = 1; } else if (readingSM == 1) { actuatorLowByte = Serial.read(); if (actuatorLowByte < 128) readingSM = 2; else readingSM = 0; } if (readingSM == 2) { lastDataReceivedTime = millis();
pin = ((actuatorHighByte >> 3) & 0x0F); newVal = ((actuatorHighByte & 0x07) << 7) | (actuatorLowByte & 0x7F); if(arduinoPins[pin].state != newVal) { arduinoPins[pin].state = newVal; updateActuator(pin); } readingSM = 0; } } else checkScratchDisconnection
(); } void reset() //with xbee module, we need to simulate the setup execution that occurs when a usb connection is opened or closed without this module { resetPins(); // reset pins sendSensorValues(); // protocol handshaking lastDataReceivedTime =
millis(); } void updateActuator(byte pinNumber) { if (arduinoPins[pinNumber].type==digital) digitalWrite(pinNumber, arduinoPins[pinNumber].state); else if (arduinoPins[pinNumber].type==pwm) analogWrite(pinNumber, arduinoPins[pinNumber].state); } void
sendUpdateServomotors() { for (byte p = 0; p < 10; p++) if (arduinoPins[p].type == servomotor) servo(p, arduinoPins[p].state); } void servo (byte pinNumber, byte angle) { if (angle != 255) pulse(pinNumber, (angle * 10) + 600); } void pulse (byte pinNumber,
unsigned int pulseWidth) { digitalWrite(pinNumber, HIGH); delayMicroseconds(pulseWidth); digitalWrite(pinNumber, LOW); } void checkScratchDisconnection() //the reset is necessary when using an wireless arduino board (because we need to ensure that
arduino isn't waiting the actuators state from Scratch) or when scratch isn't sending information (because is how serial port close is detected) { if (millis() - lastDataReceivedTime > 1000) reset(); //reset state if actuators reception timeout = one second }
```

Internet Explore 환경에서 아두이노 펌웨어 스케치

❺ 아두이노 펌웨어 스케치를 아두이노 IDE 스케치창에 붙여 넣는다.

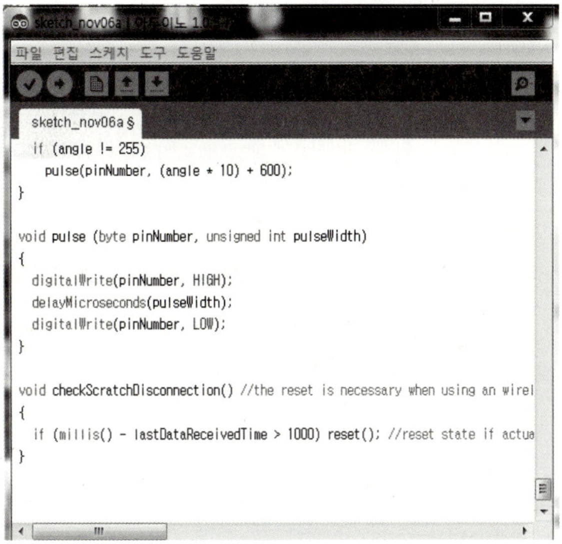

❻ 아두이노 IDE의 스케치 창의 툴바에서 펌웨어 업로드를 위하여 "도구-보드-Arduino Uno"와 "도구-시리얼 포트-COM8"을 선택한다.

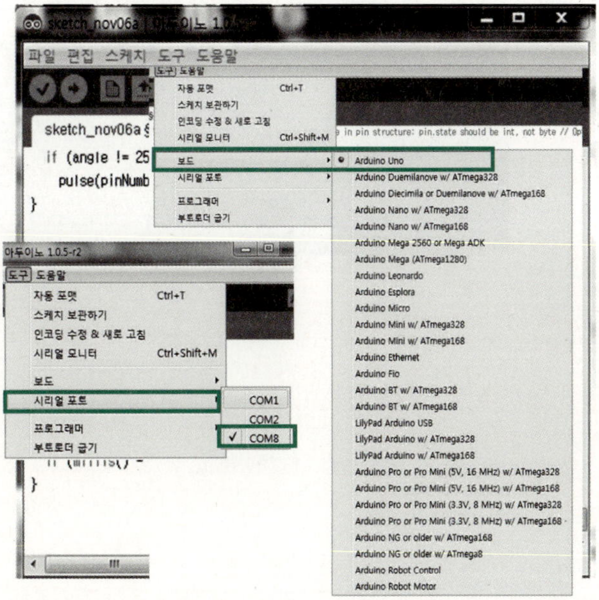

❼ 아두이노 보드에 업로드 한다.

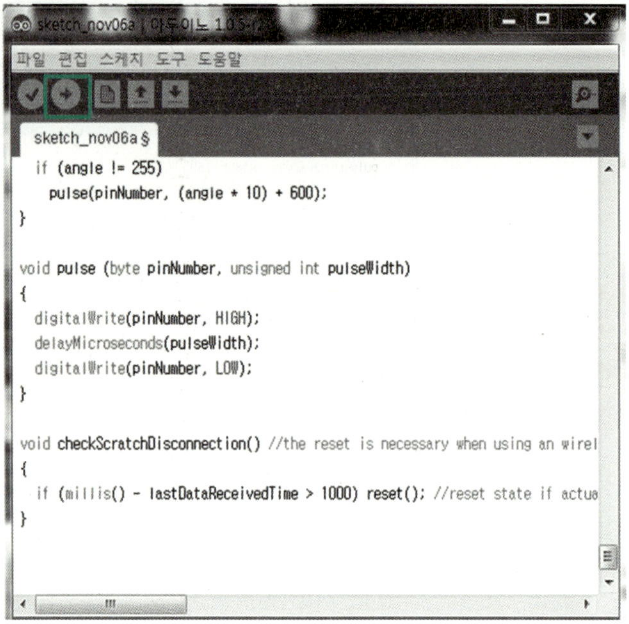

❽ 정상적으로 컴파일과 업로드가 이루어지면 다음과 같은 메시지가 나타난다.

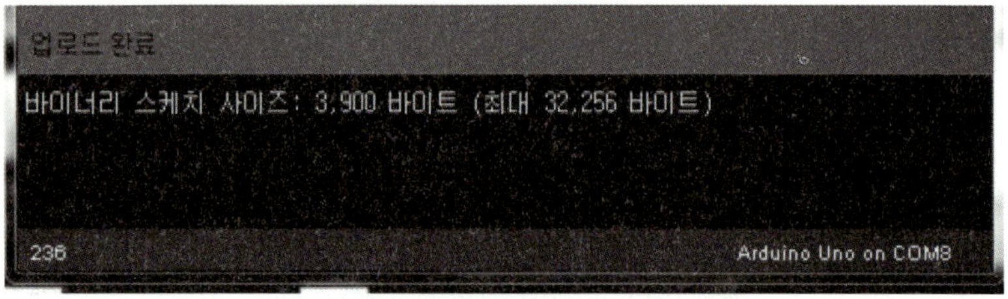

03 아두이노 보드 연결과 S4A 실행

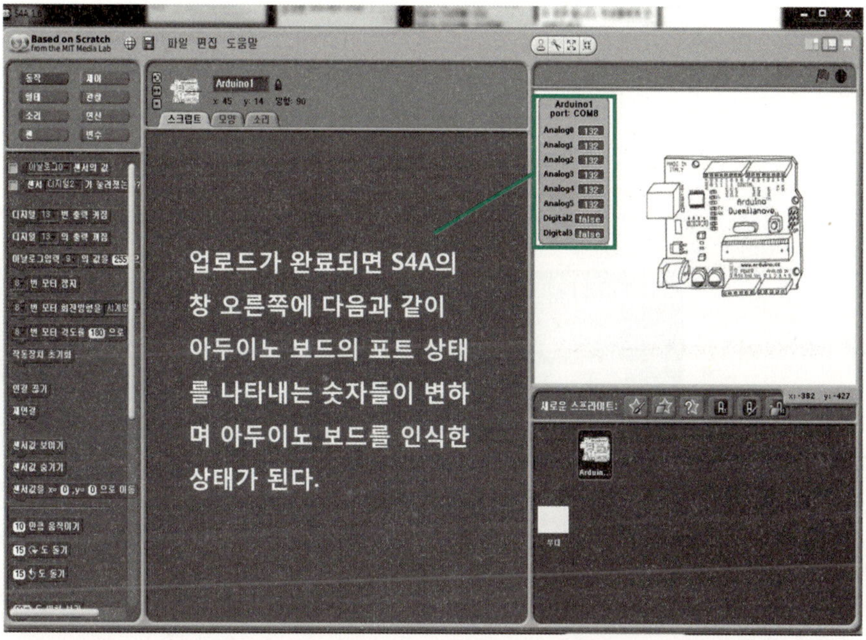

II S4A를 사용한 아두이노 보드 동작 시험

스크래치에서 아두이노 보드의 디지털 입출력 핀 13번을 이용하여 LED에 불을 깜박여 보자

01 USB 케이블을 이용하여 PC와 아두이노 보드를 연결한다.

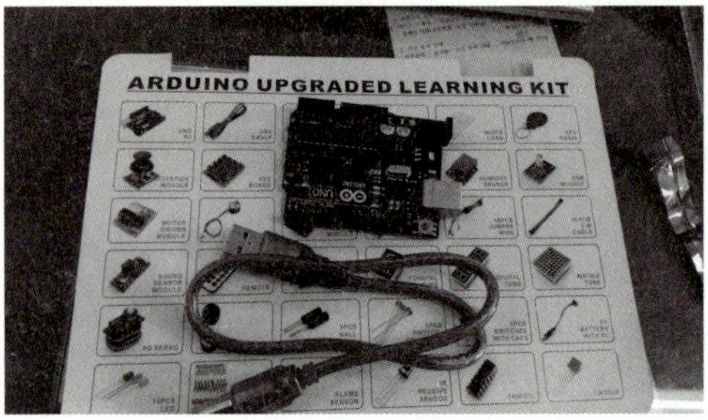

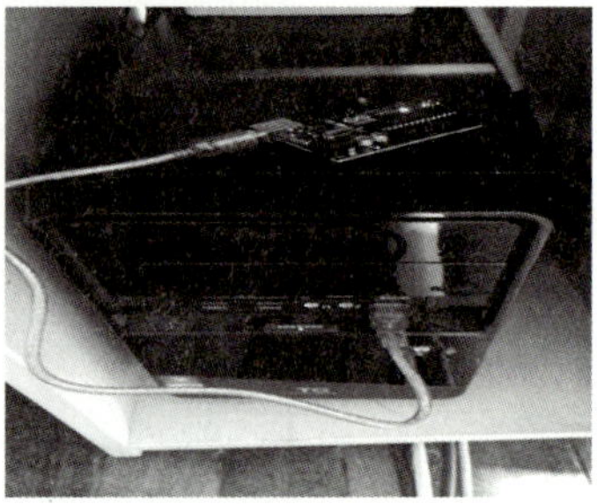

02 S4A를 실행시킨다. 아두이노 보드가 정상적으로 연결되었다면 S4A 개발 환경 창의 오른쪽에 보이는 아두이노 보드 그림의 "Arduino1 port"값이 계속하여 변화되는 상태로 나타난다.

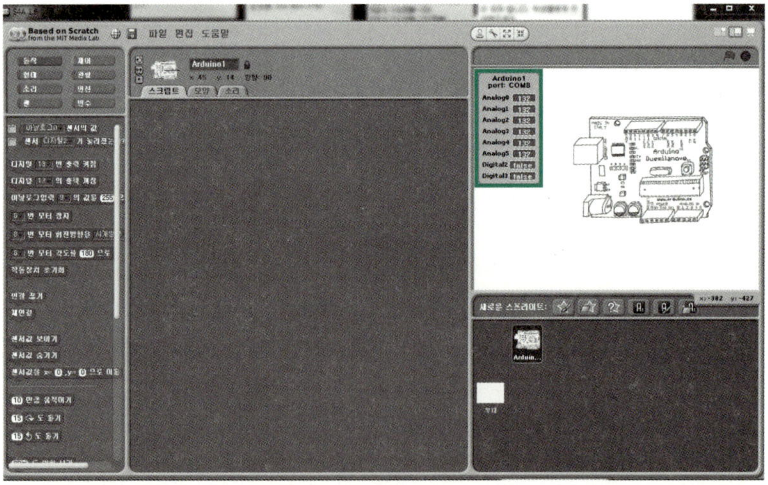

03 블록그룹에서 동작을 선택하여 클릭하고 동작 블록그룹에서 ❶을 선택하여 스크립트 창에 마우스로 끌어다 놓는다. 여기서 ❶은 아두이노 디지털입출력 핀 13번에 5V의 값을 출력하라는 블록 명령어이다.

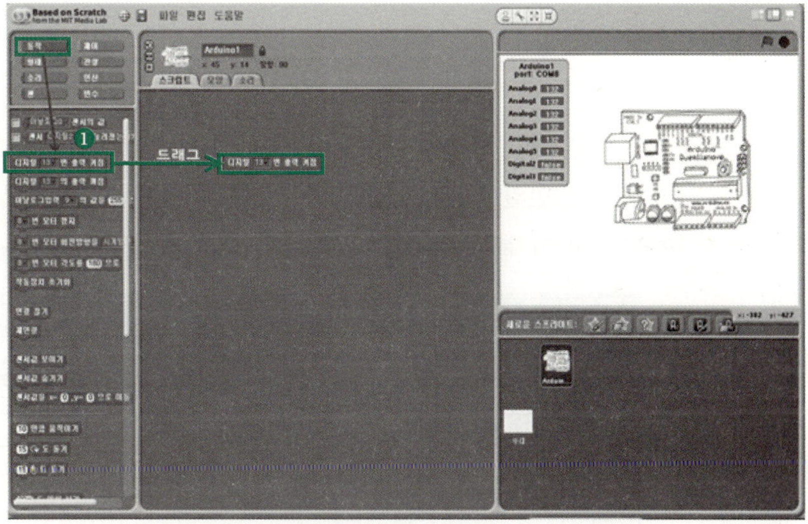

04 제어 블록그룹에서 ❷를 선택하여 스크립트 창에 드래그한 후 먼저 배치되어 있는 ❶에 아래와 같이 그림과 같이 끼워 넣는다.

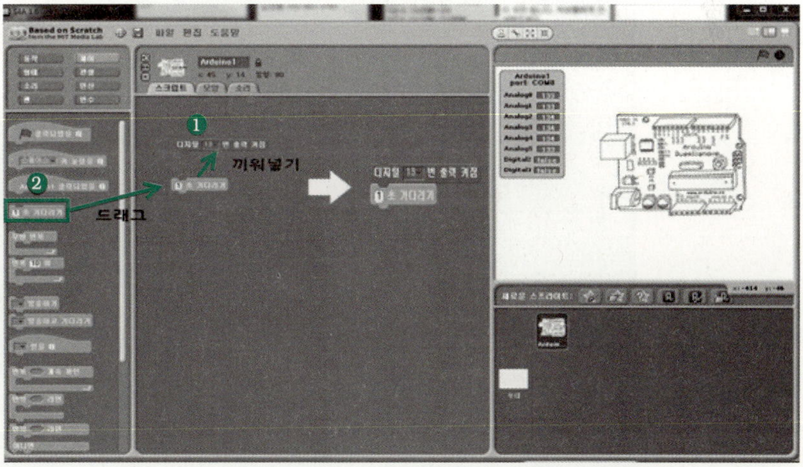

여기에서 ❷는 위에 결합된 블록명령을 1초간 유지하라는 블록명령이다. 만일 아두이노 보드의 디지털입출력 핀 13번에 LED가 연결되어 있다면, LED의 불은 1초간 켜지게 된다.

05 블록그룹에서 동작을 선택하여 클릭하고 동작 블록그룹에서 ❸을 선택하여 스크립트 창에 드래그 한 후 아래 그림과 같이 결합한다.

여기에서 ❸은 아두이노 디지털입출력 핀 13번에 0V의 값을 출력하라는 블록명령이다. 만일 아두이노 보드의 디지털입출력 핀 13번에 LED가 연결되어 있다면, LED의 불이 꺼지게 된다.

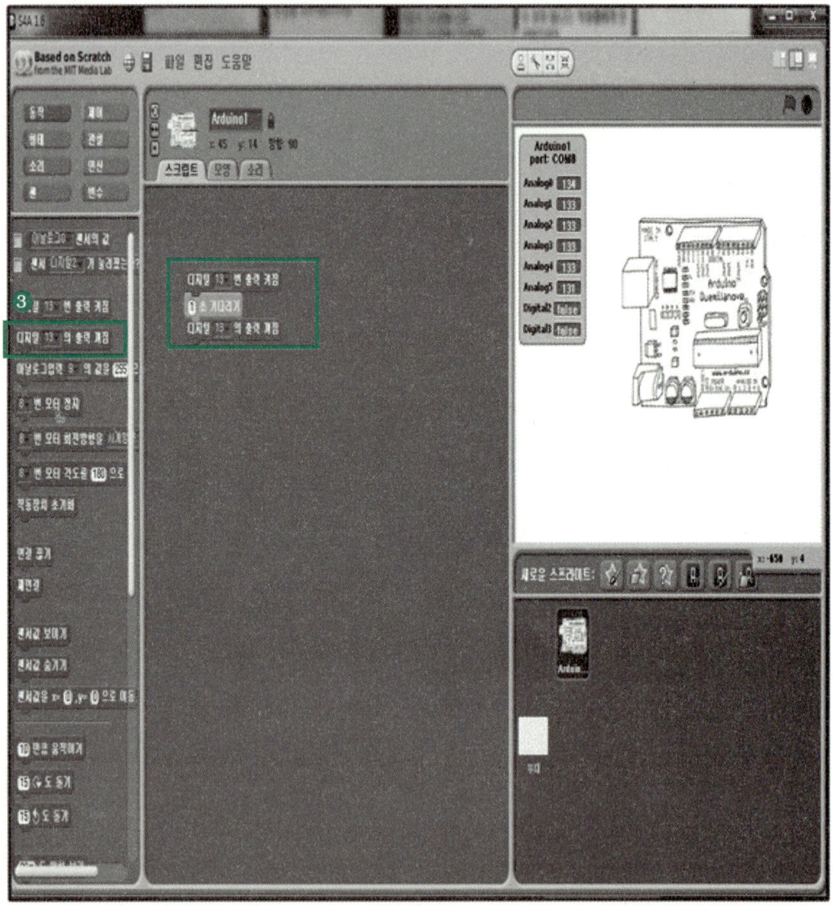

06 제어 블록에서 ❹를 선택하여 스크립트 창에 드래그한 후 먼저 배치되어 있는 블록 명령어들 위에 그림과 같이 끼워 넣는다.

❹는 스페이스 바를 누르면 아래의 명령어 블록들이 실행하게 해준다.

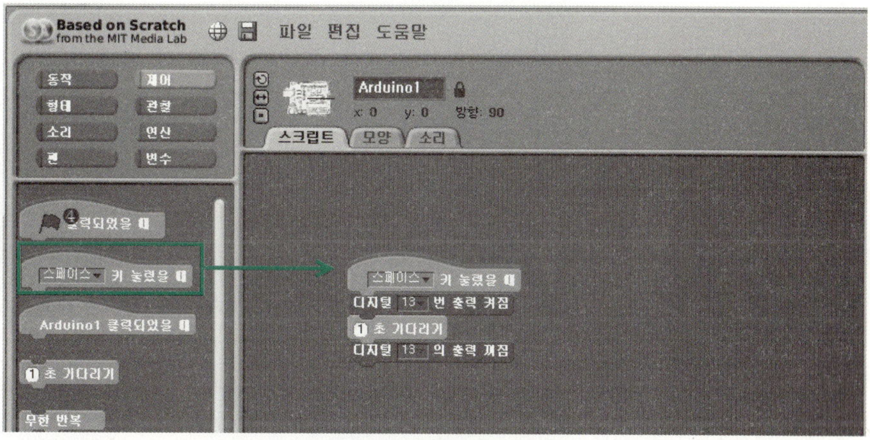

07 동작확인을 위해서 아두이노 UNO보드의 디지털입출력 핀 13번에 다음 그림과 같이 LED를 연결한다. LED의 다리 중 길이가 긴 부분은 13번 핀에, 짧은 부분은 접지(GND)에 연결한다.

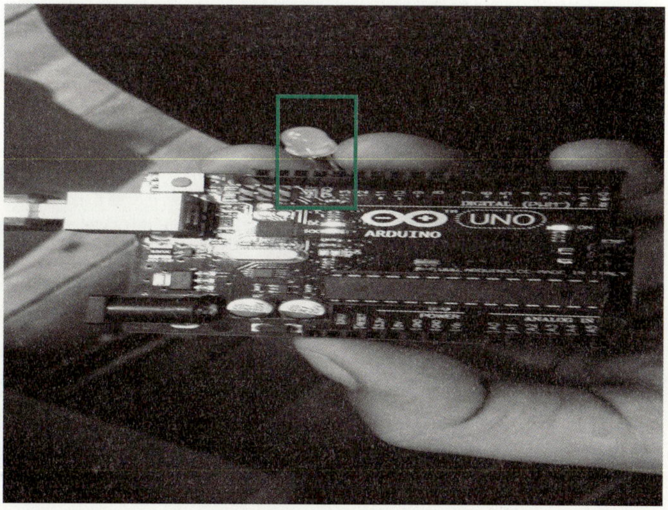

08 PC에서 스페이스 바를 누르면 아두이노 보드이 13번 핀에 연결된 LED가 불이 1초간 켜졌다가 꺼지는 것을 확인할 수 있다.

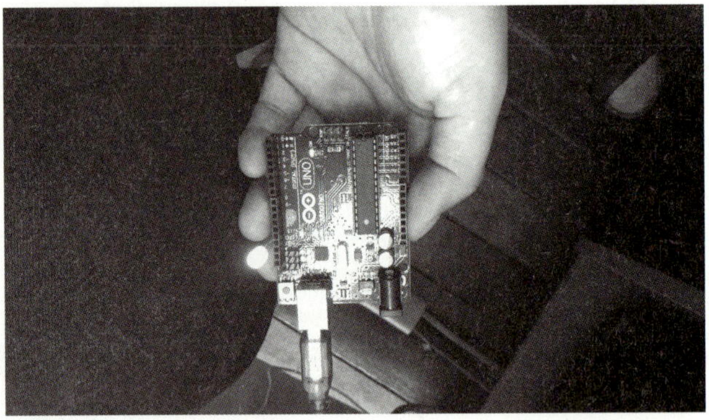

▼ 1초 후

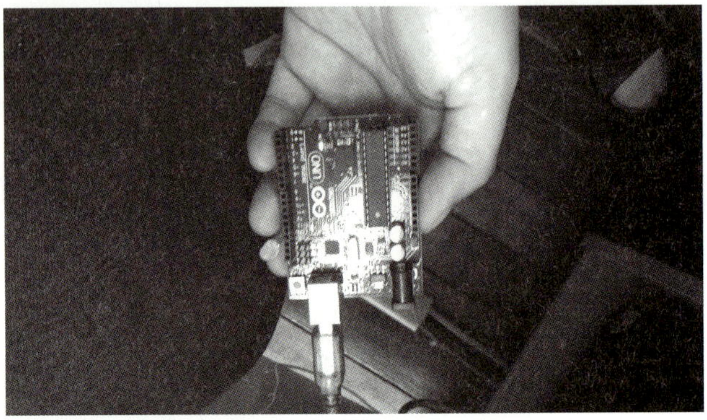

여기서 잠깐

- 아두이노 UNO 보드의 디지털 입출력 PIN은 12개(2번~13번)이다. 이들 중 S4A 프로그램에서 사용할 수 있는 디지털입출력 핀은 6개다(10번~13번, 2~3번). 따라서 스위치, 디지털 센서의 사용에 있어 사용할 수 있는 디지털 입출력 PIN 개수에 제약이 있으므로 아두이노 IDE에 비해 다양한 아두이노 활동을 할 수 없다는 한계점이 있다.

CHAPTER 02

스크래치로 LED 제어

1 아두이노 보드에 연결된 LED의 불을 켜고 끄기

S4A에서 디지털출력으로 사용 가능한 아두이노 보드 디지털입출력 핀은 10~13번이며, 5V나 OV의 디지털 값을 출력하여 LED의 불을 켜고 끌 수 있다

I 필요한 사전 지식 – 브레드 보드(Bread Board)

01 브레드 보드란?

- 브레드 보드(Breadboard)는 한국말로 “빵판”이다. 영어 단어 Bread(빵) + Board(판)을 그대로 직역한 단어를 실제로 사용하고 있다. 브레드 보드는 전자 회로의 프로토 타입(시제품)을 만드는 데 사용되고 납땜이 필요 없으며, 재사용할 수 있는 장치이다.
- 크기와 종류가 다양하다

02 브레드 보드의 연결선

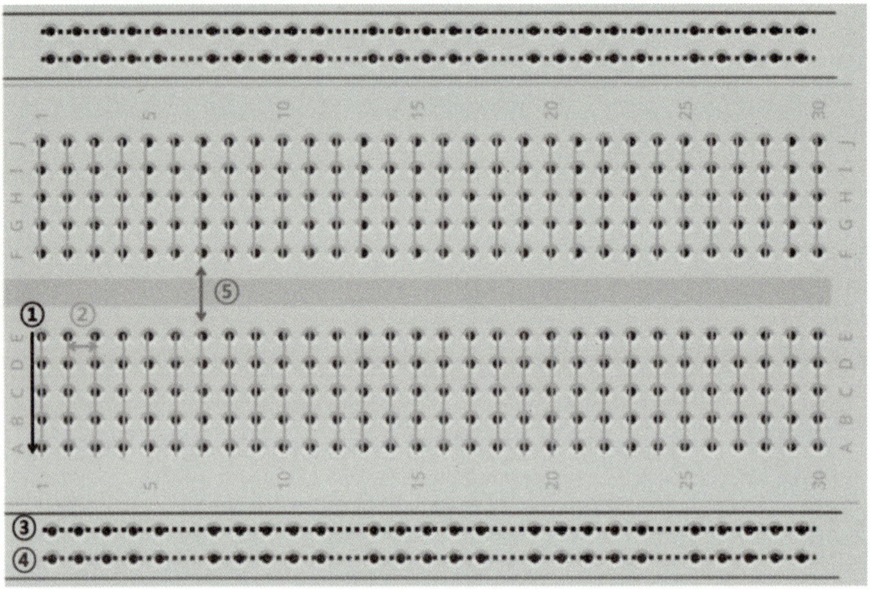

- 브레드 보드에 그려진 녹색 선은 세로로 5개의 구멍끼리 서로 연결되어 있다는 의미이다.
- ①번의 검은색 화살표처럼 세로로 5개의 구멍은 서로 연결되어 있다.
- **②번처럼 구멍의 가로로는 서로 연결되어 있지 않다.**
- ③번의 파란색과 ④번의 빨간색 선은 길게 일직선으로 모든 구멍이 연결되어 있다는 의미이다. **단, 빨간색선의 구멍과 파란색선의 구멍 사이는 연결되어 있지 않다.**
- ⑤번 부분은 위와 아래가 연결되어 있지 않다.

03 브레드 보드를 통해서 LED 켜기

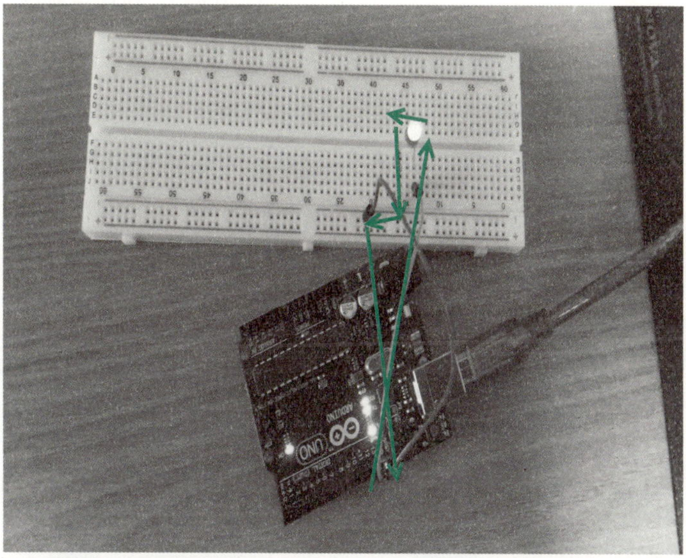

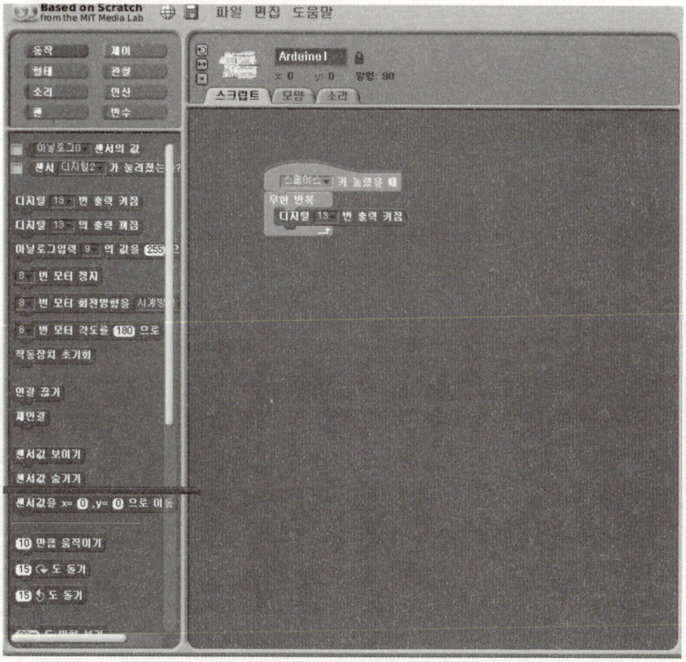

- 아두이노의 13번핀에 LED와 저항 220 옴이 직선으로 연결되어 아두이노의 GND라는 곳에서 전선의 연결이 끝난다.
- 디지털 13 번 출력 켜짐 블록을 실행시키면, 아두이노의 13번 핀(LED가 연결된 구멍)에서 전압 5 V가 발생된다. 이 때 전선이 GND까지 연결되어 있기 때문에 13번 핀 ~ GND의 전압의 차이가 5 V가 만족되어 LED, 저항, 전선에는 전류가 흐르게 된다.

여기서 잠깐

- LED는 +, − 극성이 있어서 약간의 주의를 필요로 한다.
- LED의 극성을 구별하는 방법은 다음과 같다.

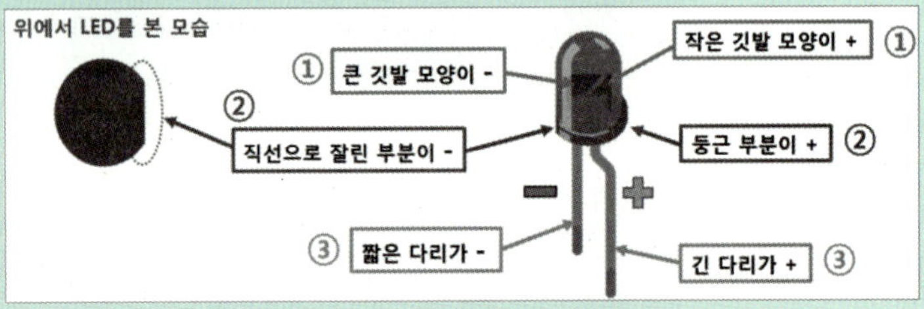

- 멀티미터, 테스터기를 통해서도 극성을 구분할 수 있다.

II 아두이노 보드의 구성

아두이노 보드의 디지털 입출력 핀 10번과 13번에 LED를 다음과 같이 브레드 보드에 구성하고 연결한다.

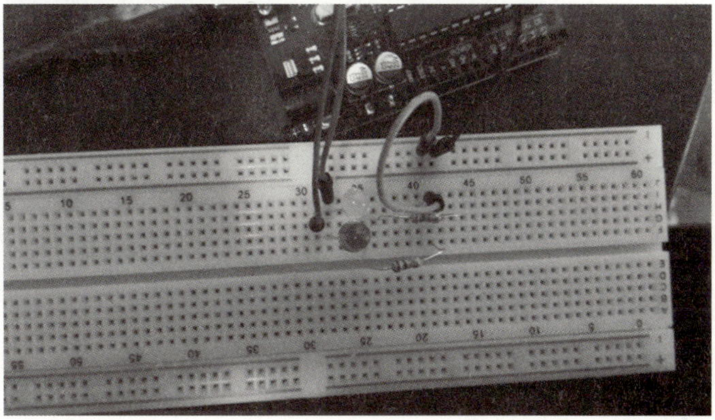

III 스크립트 구성하기

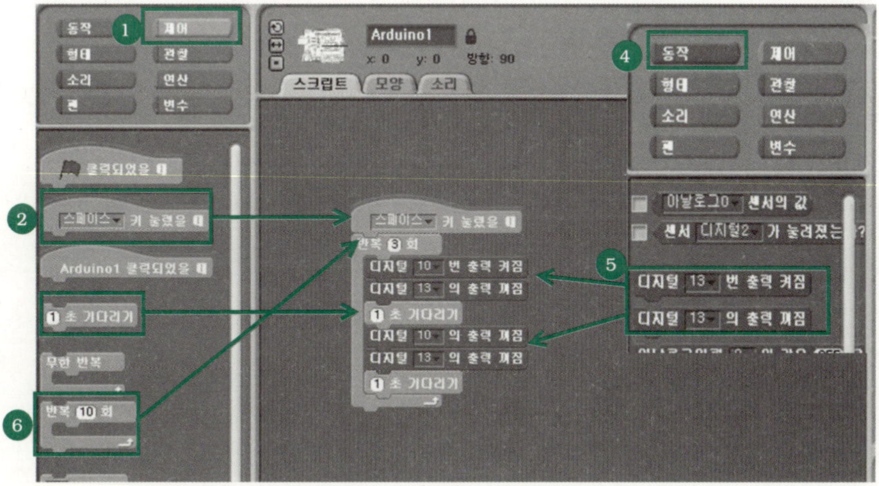

04 동작확인 하기

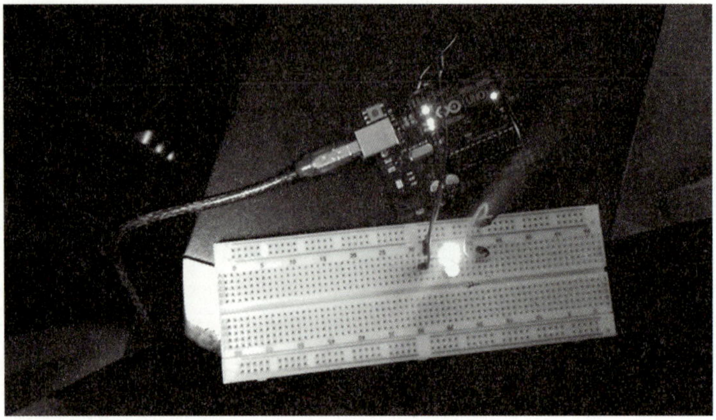

2 아두이노 보드에 연결된 4개의 LED 불을 차례로 켜고 끄기

아두이노 보드와 브레드 보드에 4개의 LED를 연결하여 1초 간격으로 차례대로 켜졌다가 꺼지는 활동을 통해 반복 코드에 대한 이해를 높인다.

I 아두이노 보드의 구성

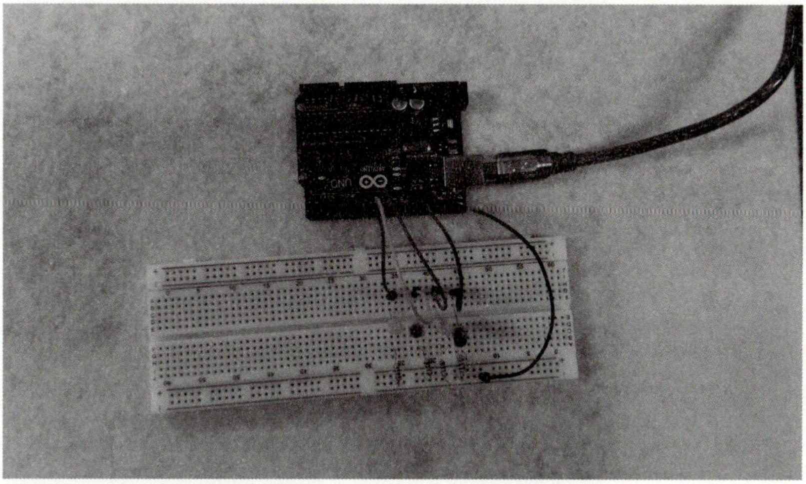

아두이노 보드의 디지털 입출력 핀 10번~13번에 LED를 다음과 같이 브레드 보드에 구성하고 연결한다.

여기서 잠깐

- LED는 +, − 극성이 있으므로 주의하여 브레드 보드에 연결한다.

II 스크립트의 구성

01 4개의 LED가 차례로 켜지게 하기

1 제어 블록코드 그룹을 선택한다.

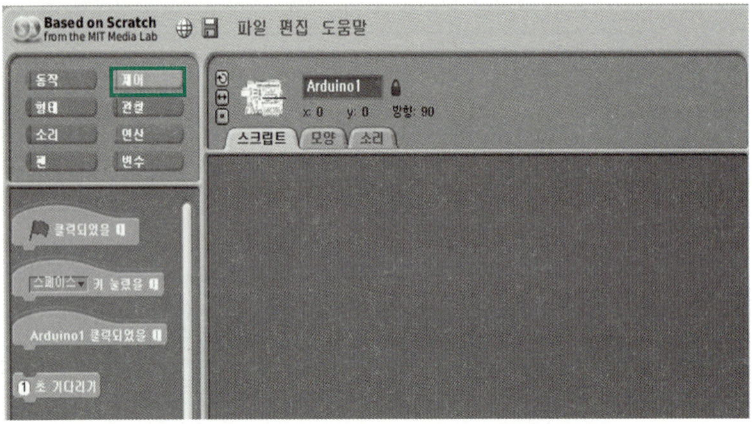

2 블록코드의 ❶를 끌어 놓는다.

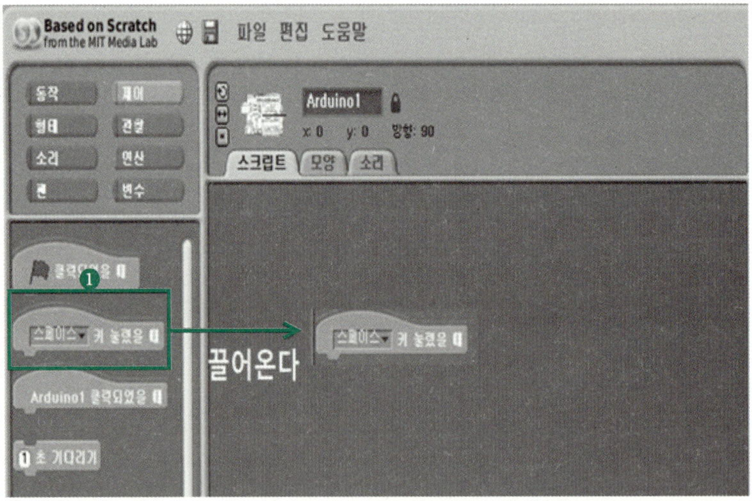

3 LED가 켜지는 동작은 오른쪽 화살표를 눌렀을 때로 한다.

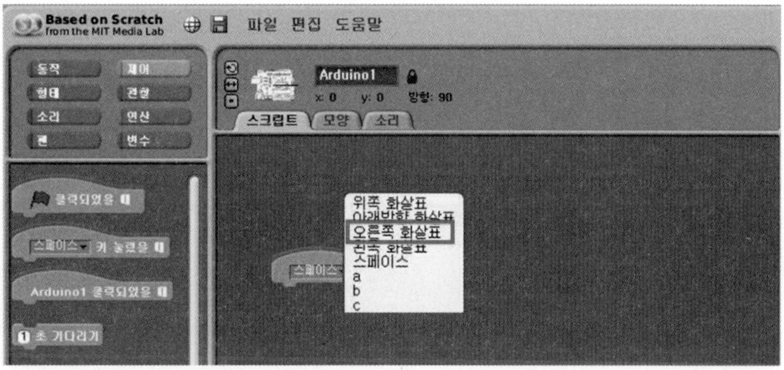

④ 디지털 입출력 10번~13번까지 1초 간격으로 차례로 켜지도록 ❷, ❸을 선택하여 스크립트 창에 끌어 놓고 결합한다.

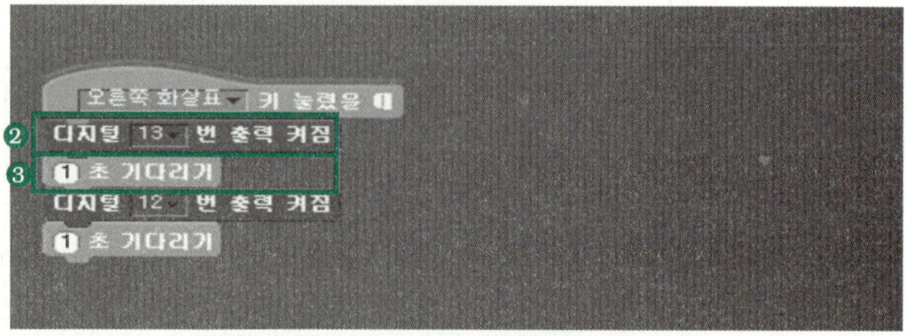

⑤ 남은 디지털 입출력에 대해서도 반복해서 스크립트를 구성한다.

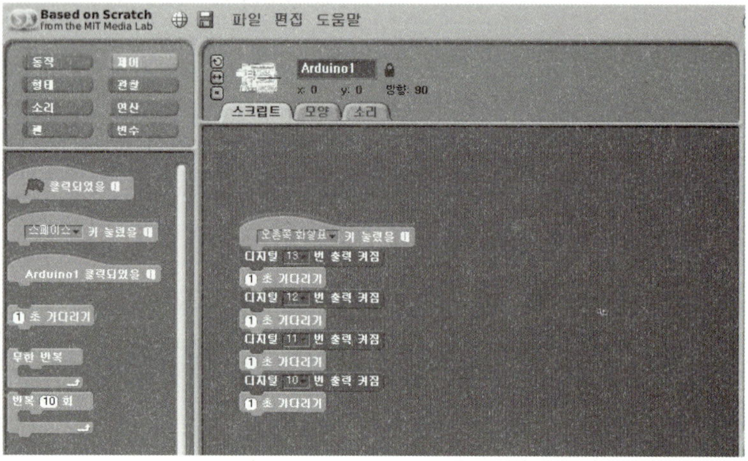

02 4개의 LED가 차례로 꺼지게 하기

1 LED가 꺼지는 동작은 왼쪽 화살표를 눌렀을 때로 한다.

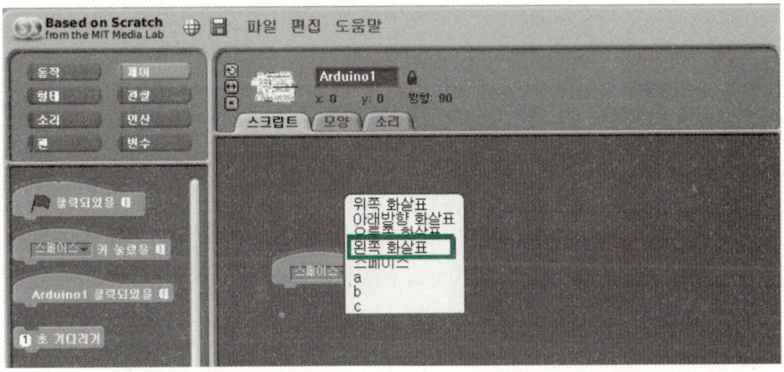

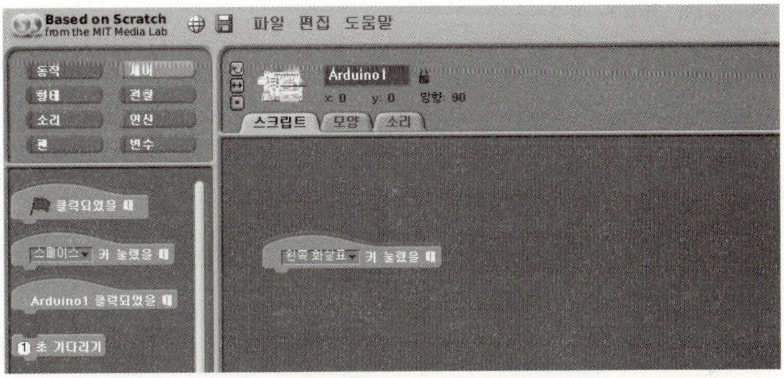

2 디지털 입출력 10번~13번까지 1초 간격으로 차례로 꺼지도록 ❶, ❷를 선택하여 스크립트 창에 끌어 놓고 결합한다.

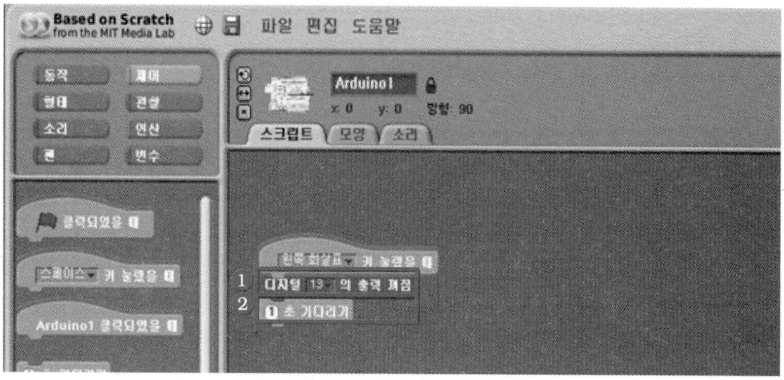

3 남은 디지털 입출력에 대해서도 반복해서 스크립트를 구성한다.

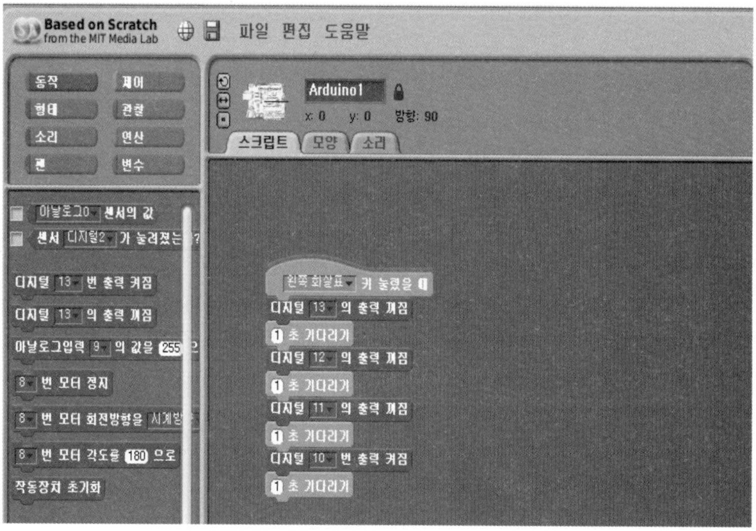

03 완성된 스크립트

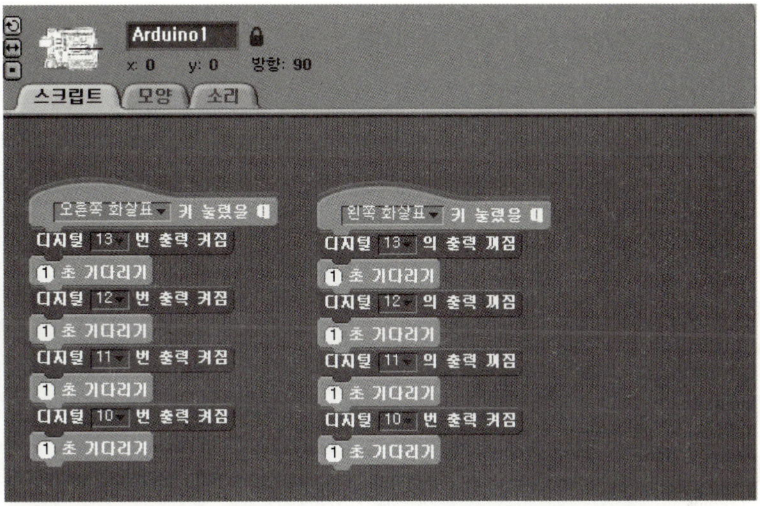

Arduino1
x: 0 y: 0 방향: 90
스크립트
모양
소리
오른쪽 화살표 키 눌렀을 때
디지털 13 번 출력 켜짐
1 초 기다리기
디지털 12 번 출력 켜짐
1 초 기다리기
디지털 11 번 출력 켜짐
1 초 기다리기
디지털 10 번 출력 켜짐
1 초 기다리기
왼쪽 화살표 키 눌렀을 때
디지털 13 의 출력 꺼짐
1 초 기다리기
디지털 12 의 출력 꺼짐
1 초 기다리기
디지털 11 의 출력 꺼짐
1 초 기다리기
디지털 10 번 출력 켜짐
1 초 기다리기

III 동작확인

01 오른쪽 화살표(→)를 눌렀을 때

①

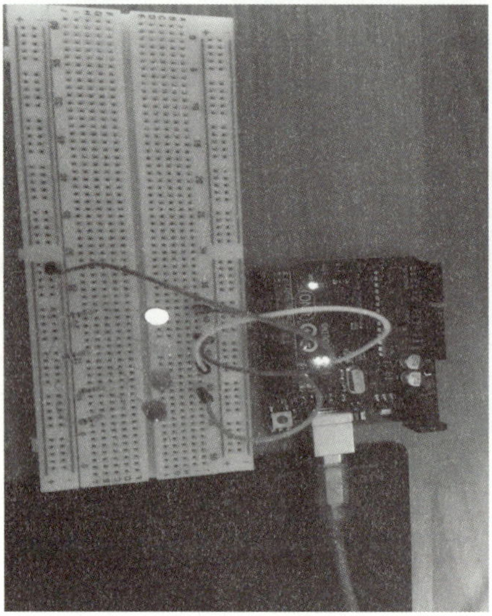

②

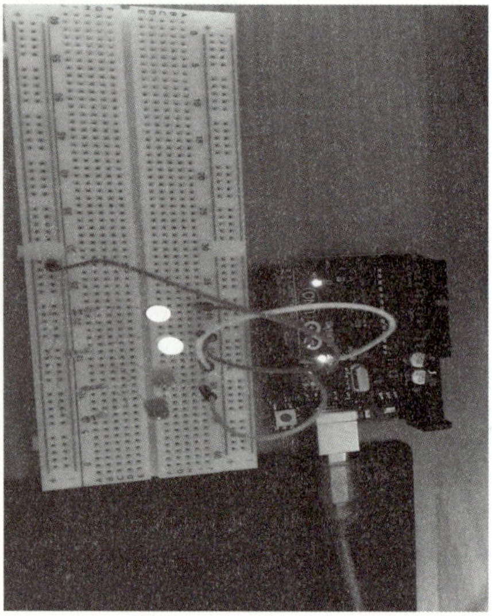

③

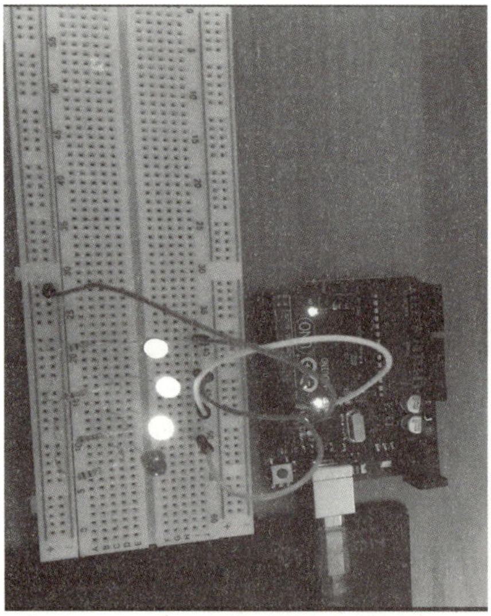

④

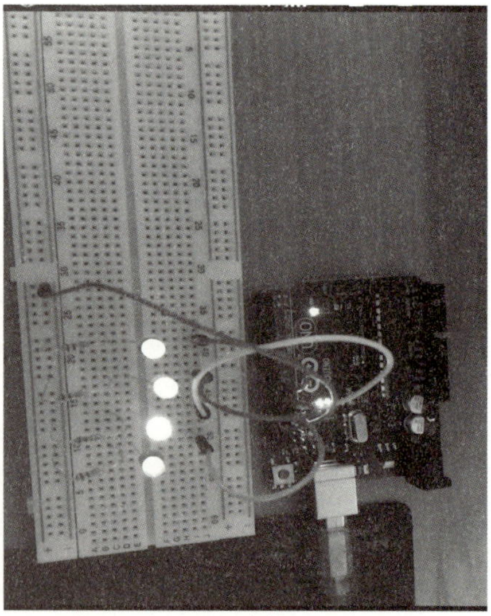

02 왼쪽 화살표(←)를 눌렀을 때

①

②

③

④

3 아두이노 보드에 연결된 4개 LED 불을 번갈아 켜고 끄기

스페이스바를 누를 때마다 다음과 같이 4개의LED가 번갈아 가며 3번 켜지고 꺼지는 스크립트를 작성해 본다.

●○● ○ → ○● ○●

I 아두이노 보드의 구성

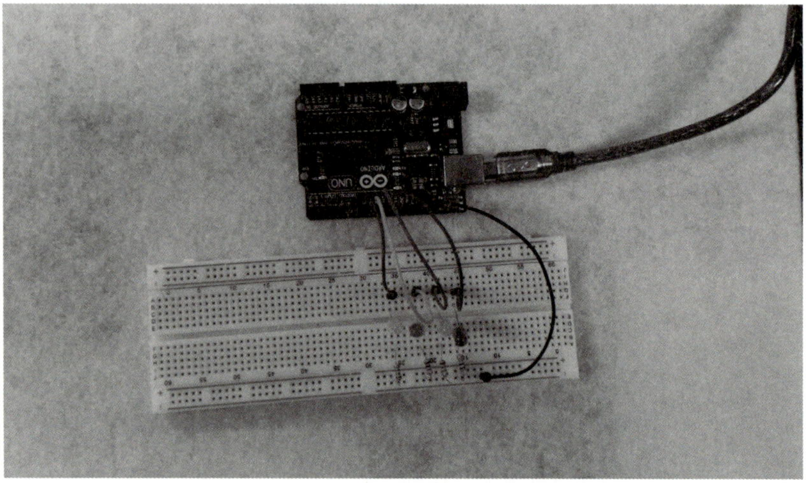

아두이노 보드의 디지털 입출력 핀 10번 ~ 13번에 LED를 다음과 같이 브레드 보드에 구성하고 연결한다.

여기서 잠깐

- LED는 +, − 극성이 있으므로 주의하여 브레드 보드에 연결한다.

II 스크립트 구성

1 제어 블록코드 그룹을 선택한다.

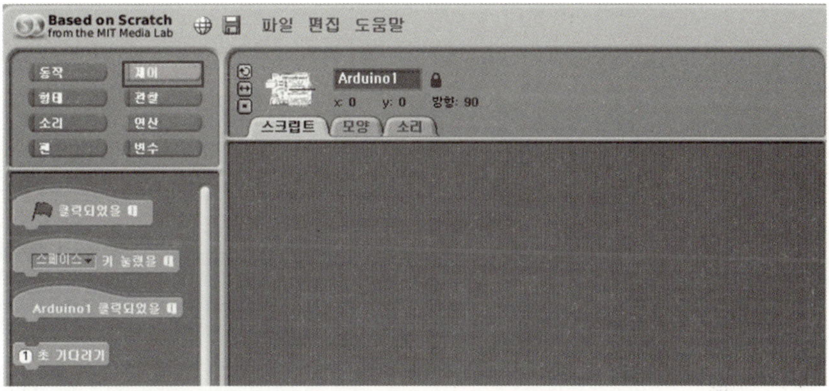

2 블록코드의 ❶, ❷를 끌어 놓는다.

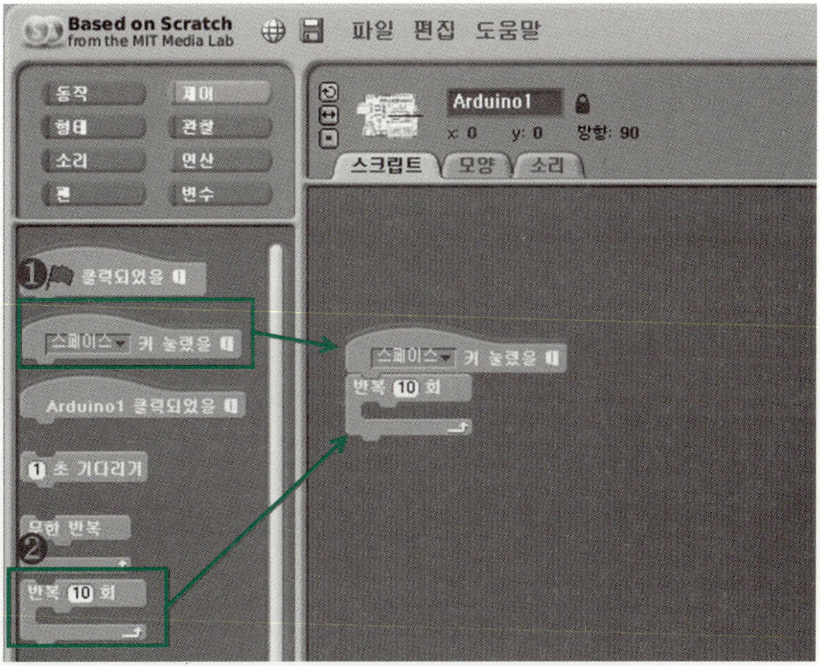

③ 반복 블록코드 ❷에서 숫자 창을  으로 바꾼다.

④ ❸과 ❹ 블록코드를 사용하여 처음에 디지털 입출력 13과 11은 켜지고 12와 10을 꺼지도록 블록을 끌어다 결합한다.

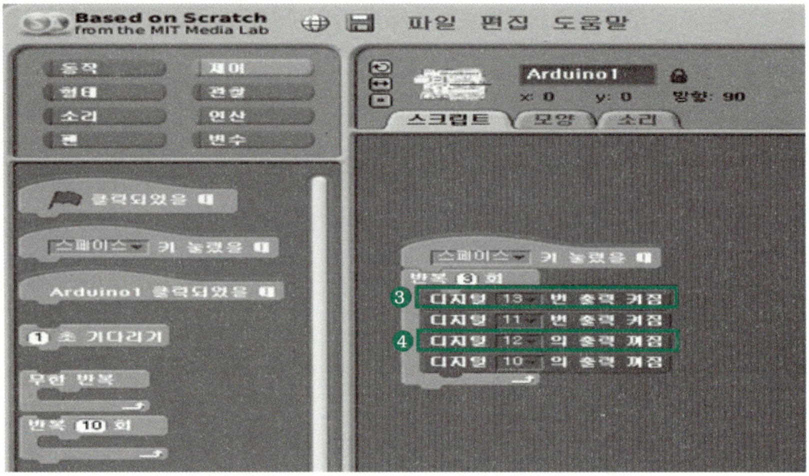

시간지연 블록 명령 ❺를 넣어 1초간 지속되도록 한다.

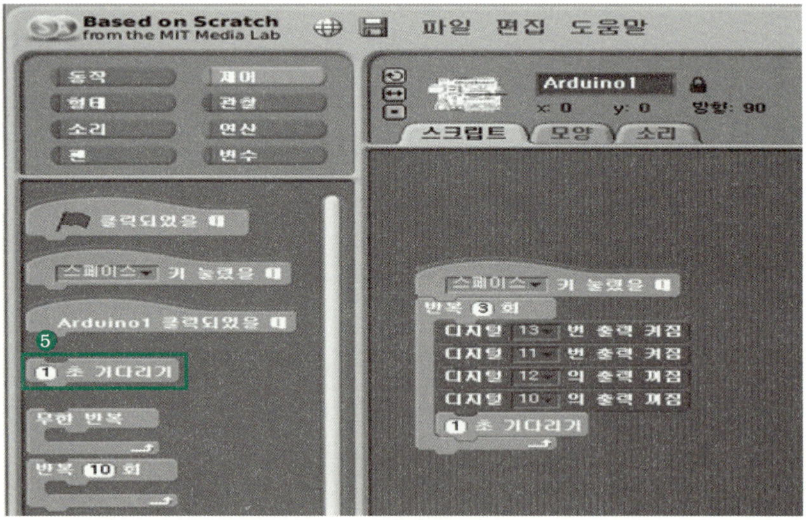

6 ❻과 ❼ 블록코드를 사용하여 처음에 디지털 입출력 13과 11은 꺼지고 12와 10을 켜지도록 블록을 끌어다 결합한다.

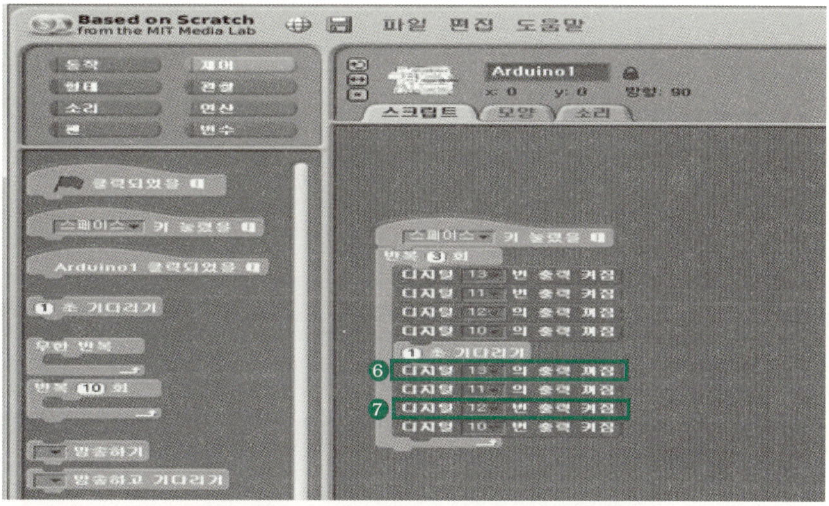

7 시간지연 블록 명령 ❽을 넣어 1초간 지속되도록 한다.

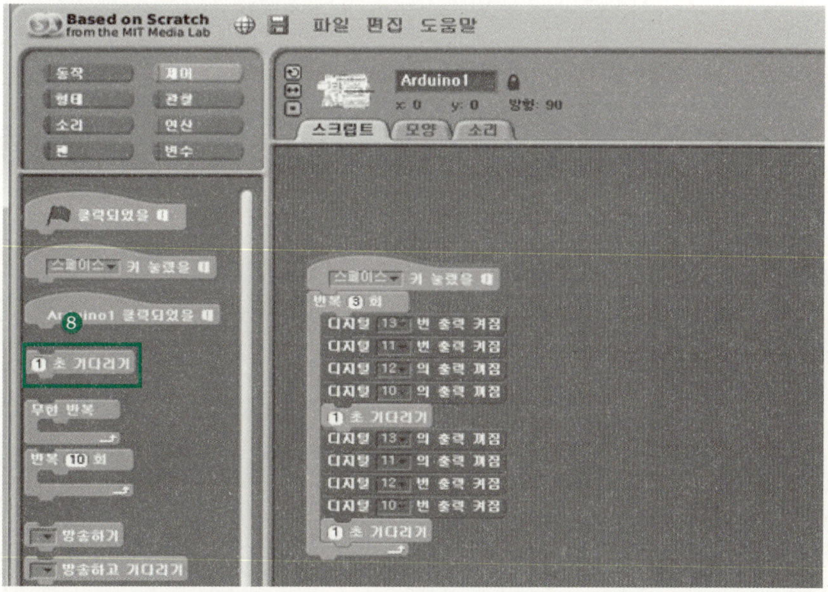

8 완성된 스크립트

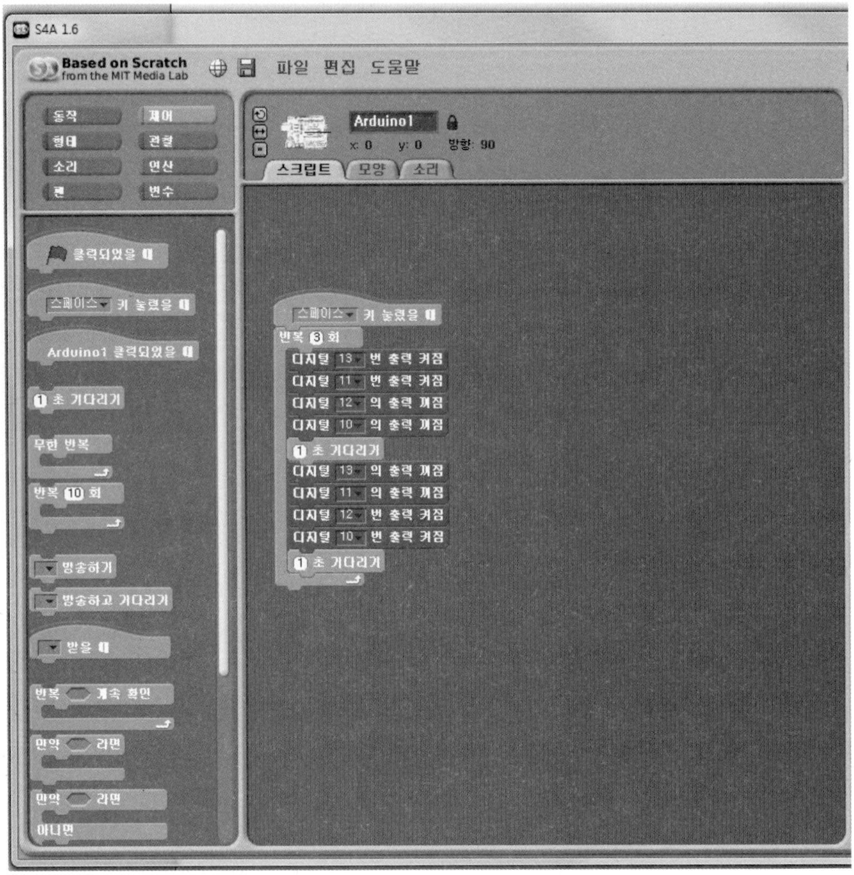
S4A 1.6
Based on Scratch
from the MIT Media Lab
파일 편집 도움말
동작
제어
형태
관찰
소리
연산
펜
변수
Arduino1
x: 0 y: 0 방향: 90
스크립트 모양 소리
클릭되었을 때
스페이스 키 눌렀을 때
Arduino1 클릭되었을 때
1 초 기다리기
무한 반복
반복 10 회
방송하기
방송하고 기다리기
받을 때
반복 계속 확인
만약 라면
만약 라면
아니면
스페이스 키 눌렀을 때
반복 3 회
디지털 13 번 출력 켜짐
디지털 11 번 출력 켜짐
디지털 12 의 출력 꺼짐
디지털 10 의 출력 꺼짐
1 초 기다리기
디지털 13 의 출력 꺼짐
디지털 11 의 출력 꺼짐
디지털 12 번 출력 켜짐
디지털 10 번 출력 켜짐
1 초 기다리기

III 동작확인

[스페이스바를 눌렀을 때]

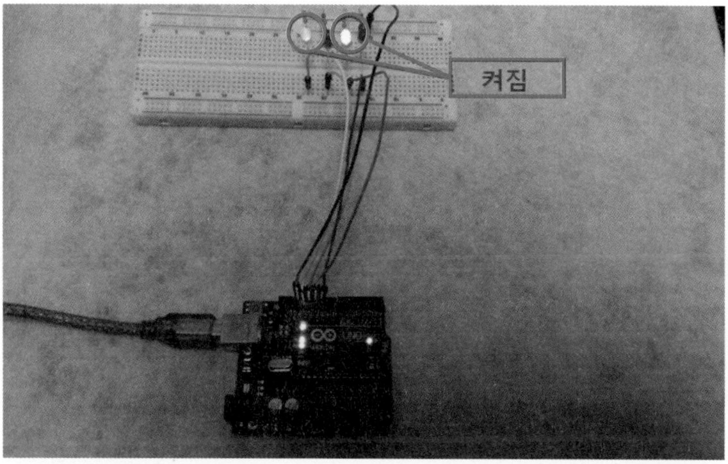

▼

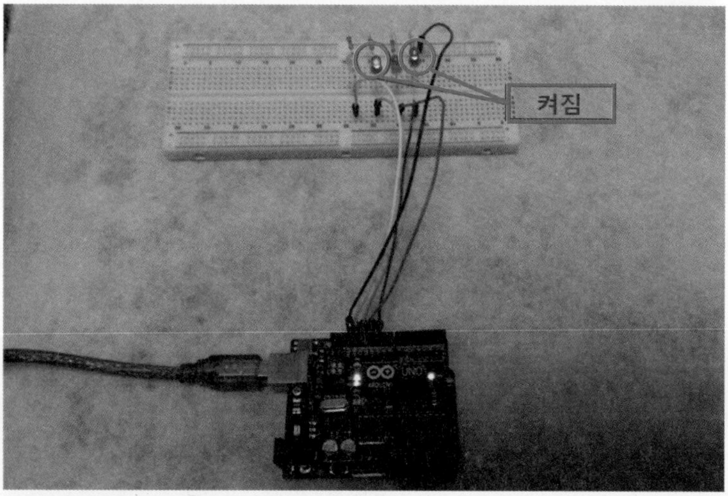

위와 같은 과정이 3번 반복된다.

CHAPTER 03 스위치를 사용한 LED 제어

1 버튼스위치가 눌러지면 LED가 켜지도록 만들기

I 필요한 사전 지식

01 버튼스위치로 입력 받기

- S4A가 설치된 PC와 S4A용 펌웨어가 설치된 아두이노 보드를 연결하면, 스크래치에서 지정된 아두이노 보드의 입출력 핀을 사용하여 입력 신호를 받아들일 수 있다.

- 버튼이 눌러지면 ON 상태로 아두이노 보드에 +5V의 전압이 입력되고, 버튼이 눌 러지지 않으면 OFF 상태로 0 V의 전압이 입력된다.
- S4A에서 디지털입력으로 사용 가능한 아두이노 보드 디지털입출력 핀은 2개로 2~3번이며 ON-OFF 스위치에 의하여 발생되는 "1(참)"과 "0(거짓)"의 디지털 신호를 받아들일 수 있다.
- S4A에서 디지털 입력 가능한 아두이노 보드 입력

UNO 보드	핀번호	S4A 관련 기능	용도
디지털입출력 핀	2	디지털 입력	스위치, 디지털 센서 등 연결
	3	디지털 입력	스위치, 디지털 센서 등 연결

02 버튼스위치와 관련하여 사용되는 스크립트 구성 정리

- 외부로부터 입력을 받아들인다는 것은 입력에 따라 어떤 동작을 하겠다는 뜻이므로, 입력을 위한 블록명령과 판단블록이 함께 쓰이게 되고, 그 판단에 결과에 따라 수행해야하는 동작으로 구성된다.
- 먼저, 버튼스위치가 눌러 졌는지를 판단하기 위하여 

을 사용한다.
- "만약 〈조건〉라면"의 〈조건〉으로 버튼스위치가 연결되어 있는 아두이노 보드의 디지털입출력 핀 2번의 상태를 확인하는 블록명령 

를 사용한다.
- 〈조건〉이 만족하면 LED의 불을 1초간 켜지게 하는 다음 동작을 끼워 넣는다.

영역	스크립트	흐름 구조
입력		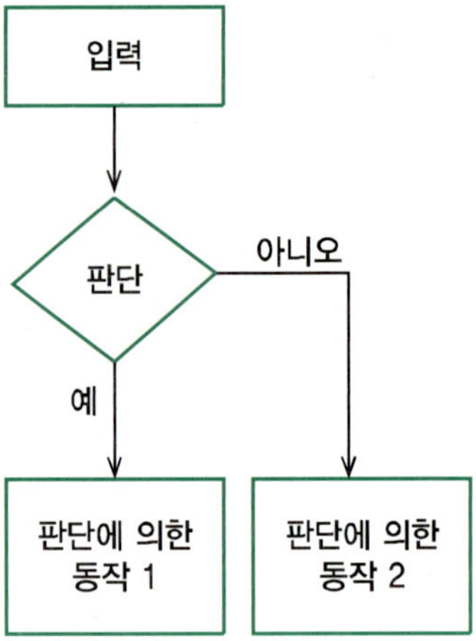
판단		
동작	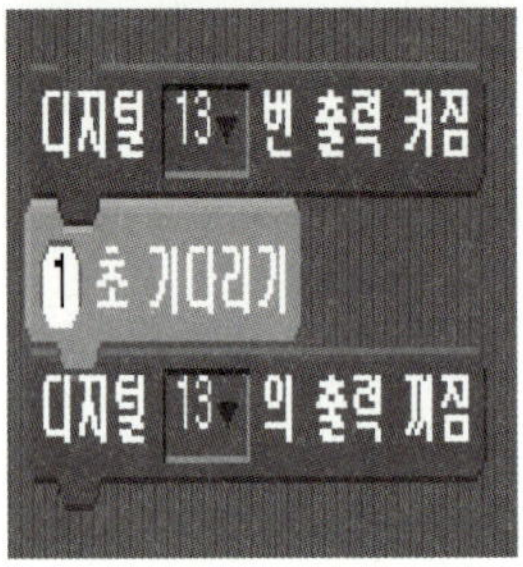	

여기서 잠깐

- 조건에 따라 LED의 불을 켜거나 끄는 조건을 가지는 경우에는 좀 더 명확하게 스크립트를 구성하기 위해서

에서
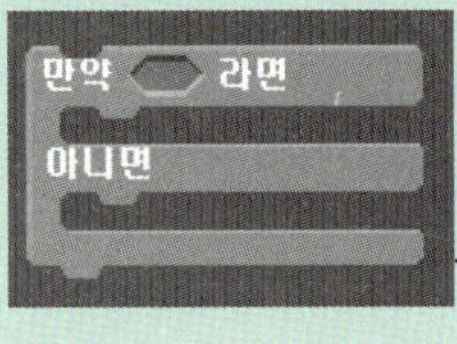

으로 판단 블럭을 변경한다.

스페이스 바를 누르고 스위치를 켜면 LED에 불이 들어온다.

III 스크립트 구성

1 제어 블록코드 그룹을 선택한다.

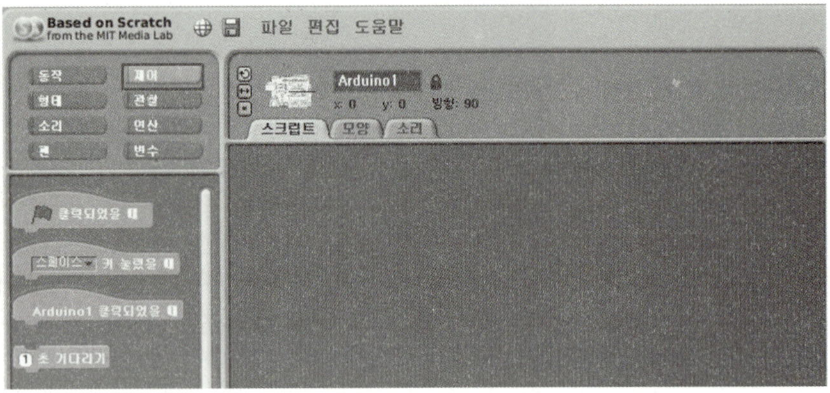

2 블록코드의 ❶, ❷를 끌어 놓는다.

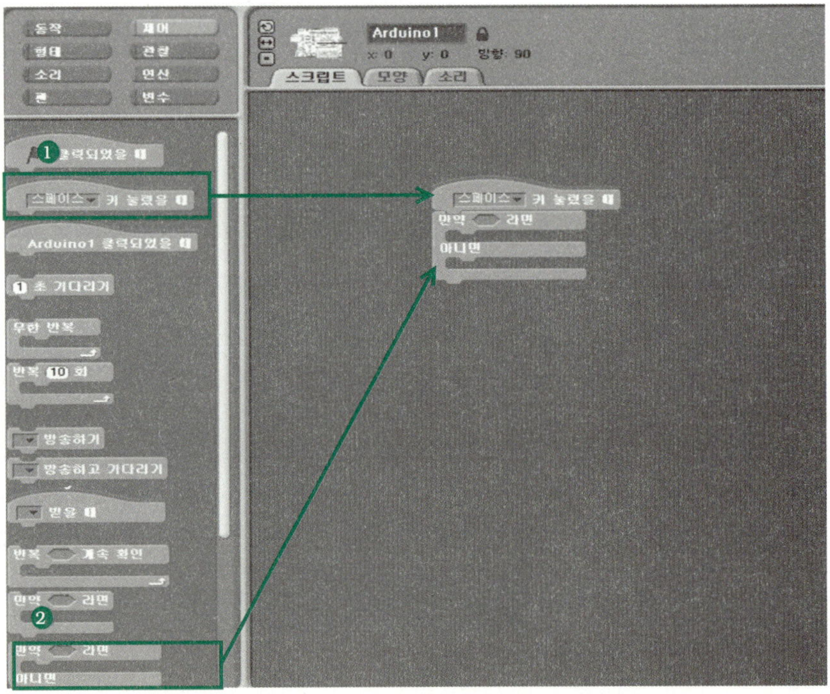

③ ❸을 선택하여 스크립트 창에 끌어다 놓고 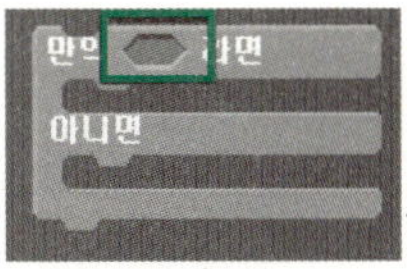

의 "만약 〈〉 라면"의 부분에 결합니다.

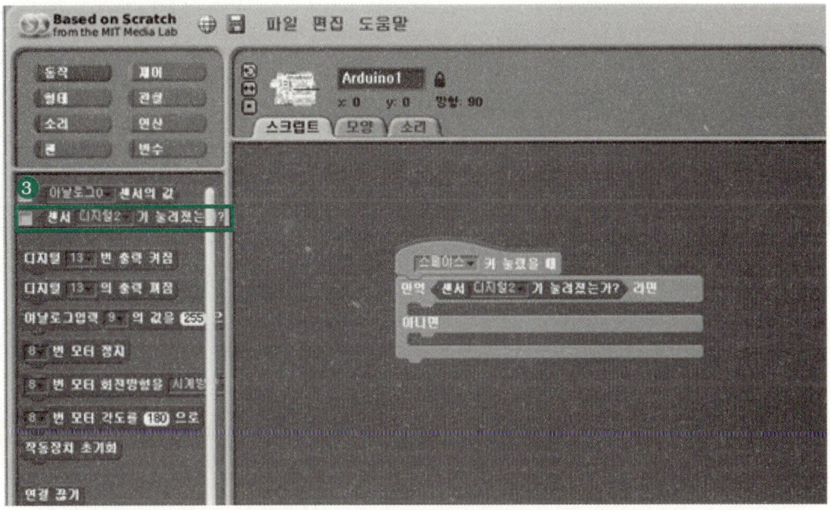

④ ❹와 ❺를 선택하여 스크립트 창에 끌어 놓고 결합한다.

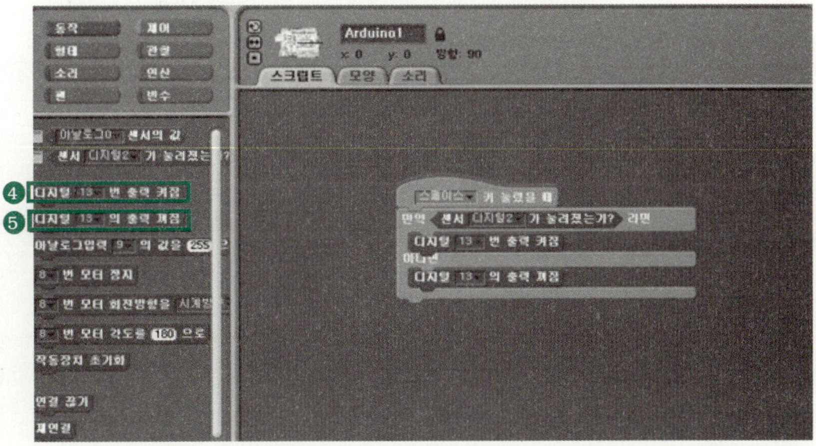

5 스위치의 상태를 계속적으로 확인하기 위해서 ❻블록을 끌어다가 결합한다.

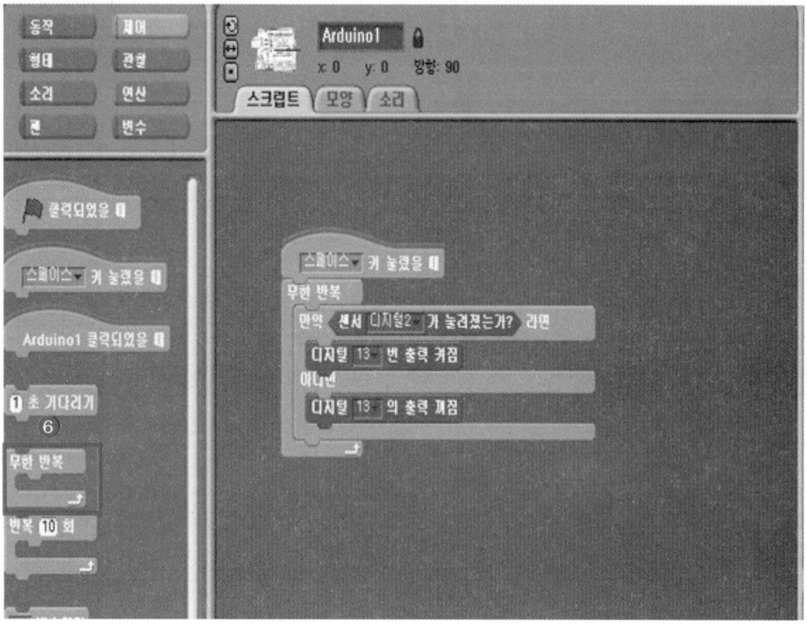

6 완성된 스크립트

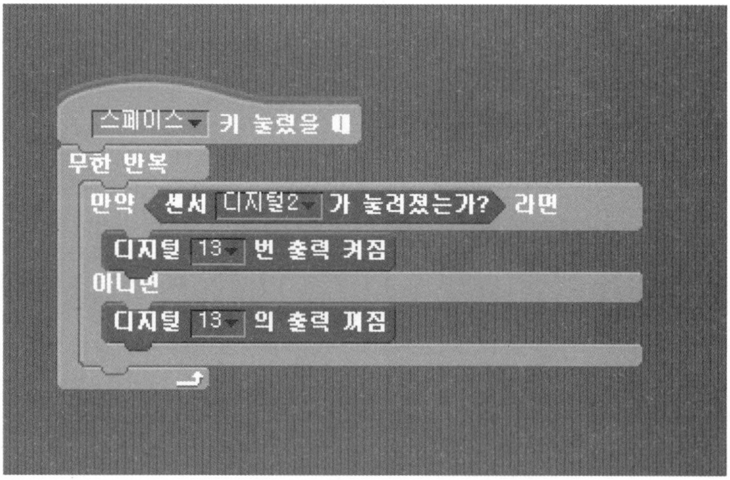

III 동작확인

[ON-OFF 스위치를 눌렀을 때]

[ON-OFF 스위치를 뗐을 때]

2 2개의 버튼스위치를 이용하여 2개의 LED를 켜고 끄기

I 아두이노 보드의 구성

01 버튼스위치 1을 누르면 LED1이 켜지고, 버튼 2를 누르면 LED2가 켜지고, 어떤 버튼스위치도 눌리지 않으면 LED 2개 모두 꺼진다.

02 아두이노 보드와 브레드 보드를 사용하여 LED와 버튼스위치 연결

	아두이노 보드
연결선 연결	디지털 입출력 핀 10번
연결선 연결	디지털 입출력 핀 11번
연결선 연결	디지털 입출력 핀 2번
연결선 연결	디지털 입출력 핀 3번

03 아두이노 보드 구성

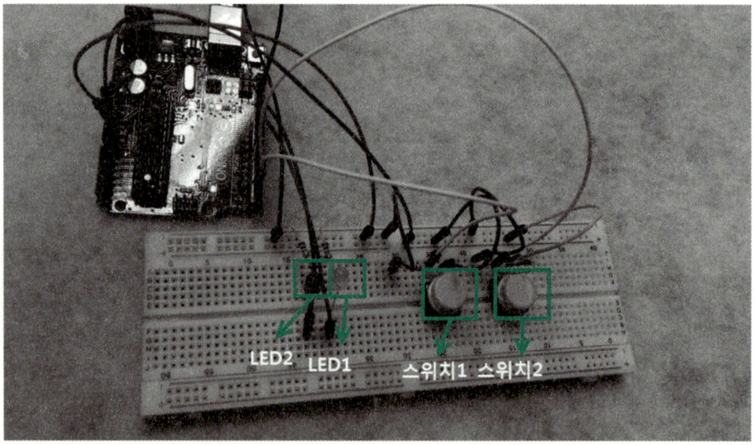

〈 아두이노 우노 보드와 브레드 보드의 구성 〉

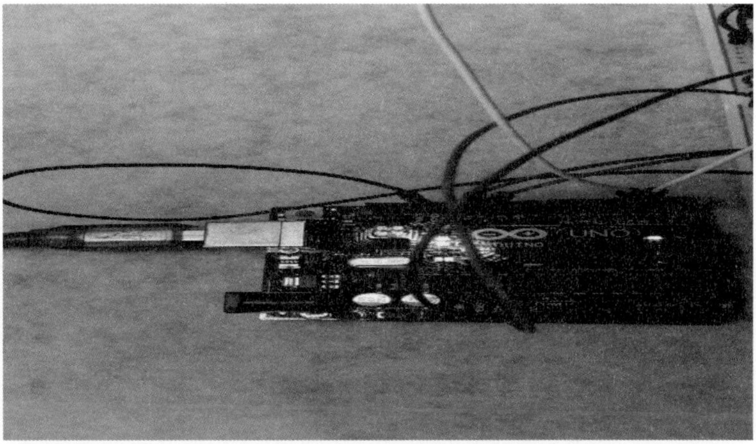

〈 아두이노 우노 보드의 구성 〉

〈 브레드 보드의 구성 〉

II 스크립트 구성

1 제어 블록코드 그룹을 선택한다.

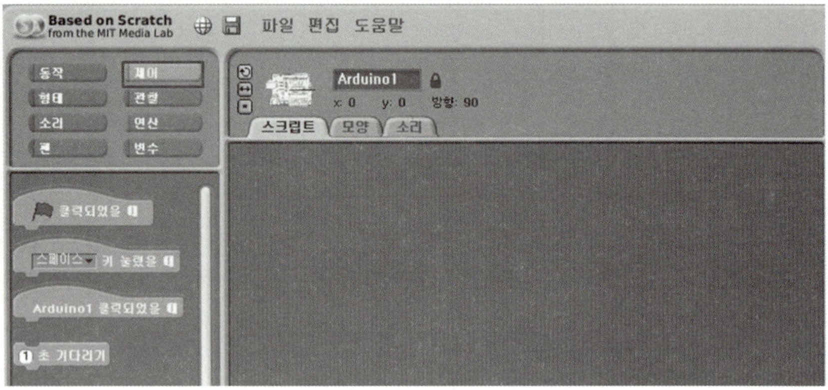

2 블록코드 ❶, ❷와 판단 블록 ❸을 결합하여 스크립트 창에 끌어 놓고 다음과 같이 결합한다.

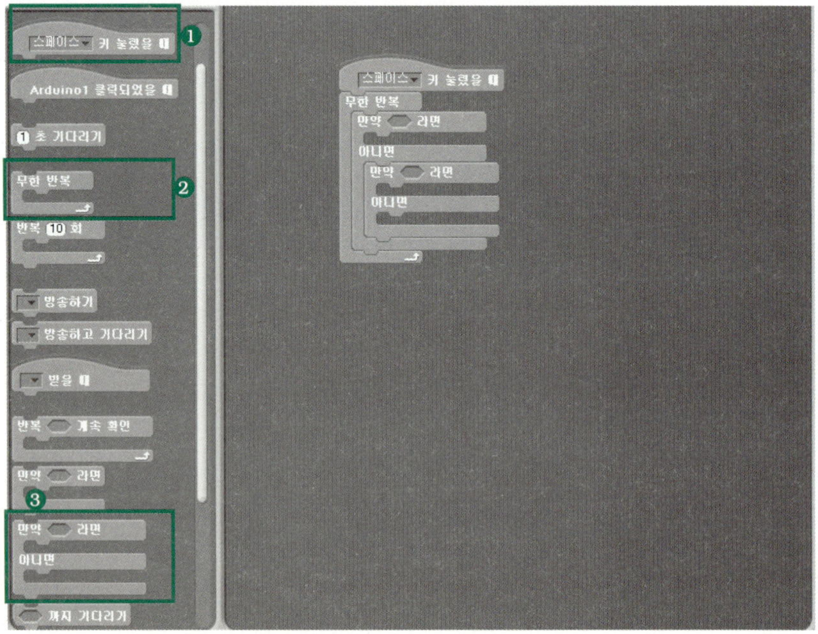

3 동작 블록코드 그룹을 선택한다.

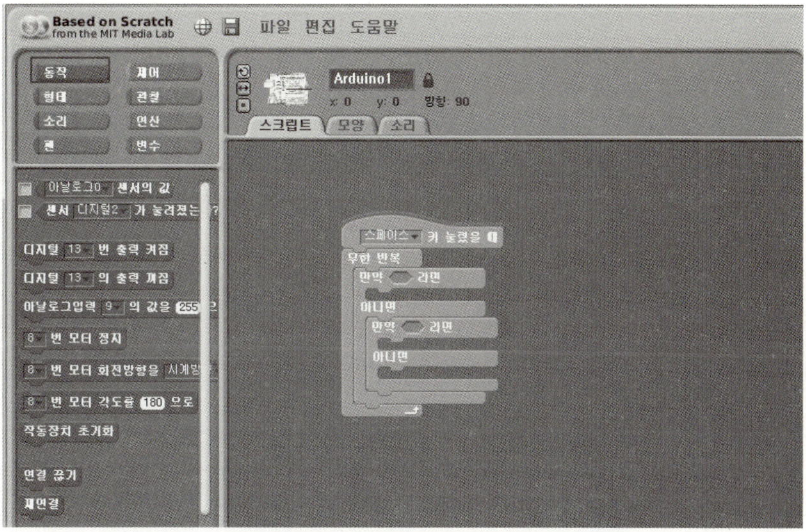

4 블록코드 ❹를 선택하여 디지털2, 디지털3으로 바꾸어서 스크립트 창에 끈 다음 아래와 같이 결합한다.

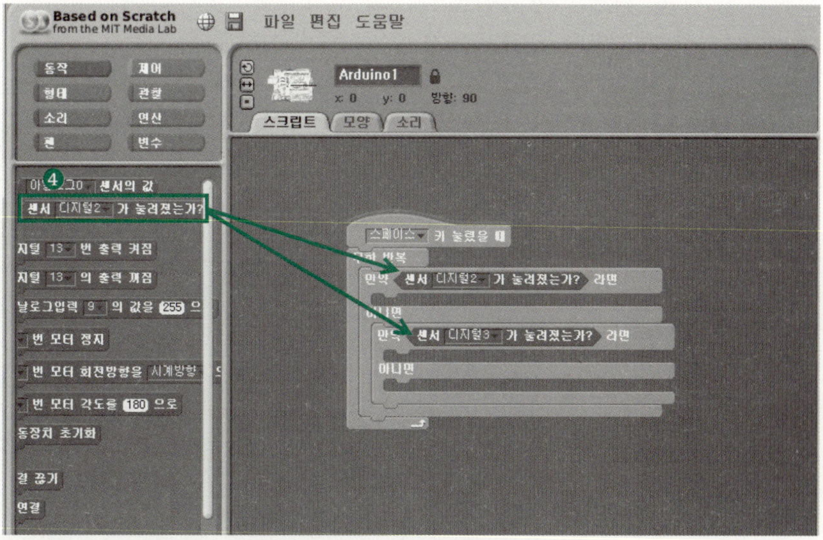

5 블록코드 ❺, ❻을 선택하여 스크립트 창에 끌어 놓고 결합한다.

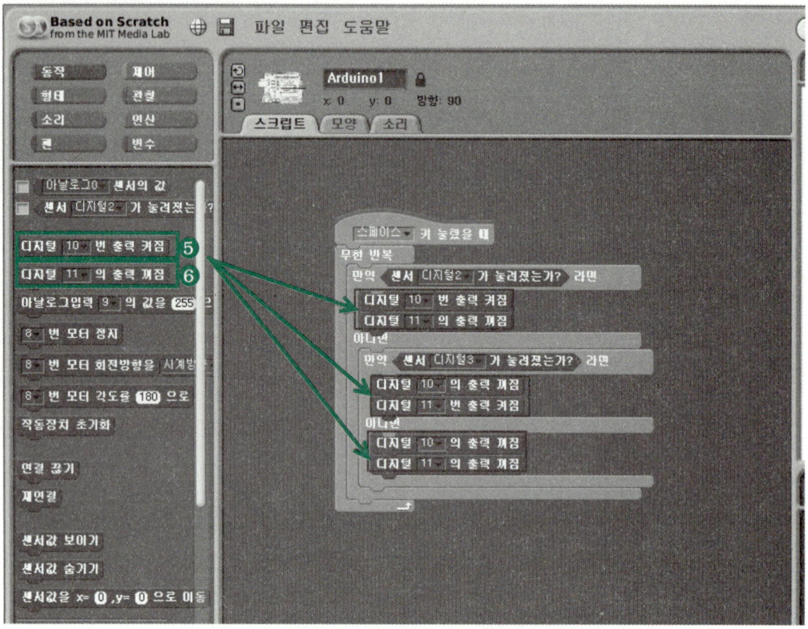

6 완성된 스크립트

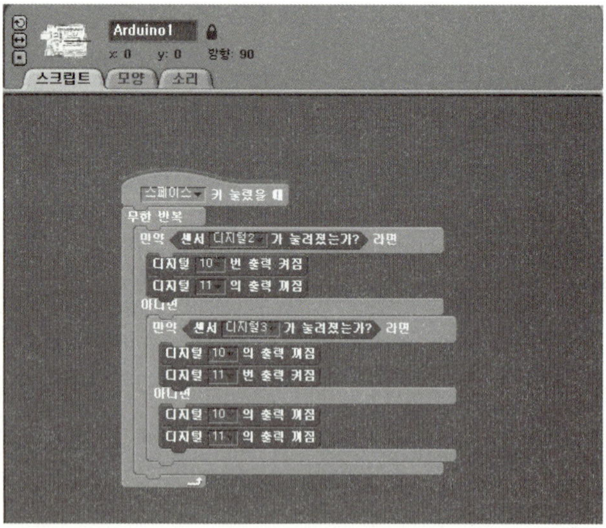

III 동작확인

〈스위치 1번을 누르면 LED 1번이 켜진다. 〉

〈스위치 2번을 누르면 LED 1번이 꺼지고 LED 2번이 켜진다. 〉

〈스위치 2번, 3번을 누르지 않으면 LED 1번, LED 2번이 꺼진다.〉

3 2개의 버튼스위치를 이용하여 스크래치의 애니메이션 동작시키기

I 아두이노 보드의 구성

01 버튼스위치1을 누르면 박쥐의 날개가 올라가고, 버튼스위치2를 누르면 LED2가 켜지며 박쥐의 날개가 아래로 내려가도록 한다.

02 아두이노 보드와 브레드 보드를 사용하여 LED와 버튼스위치 연결

	아두이노 보드
연결선 연결	디지털 입출력 핀 2번
연결선 연결	디지털 입출력 핀 3번

03 아두이노 보드 구성

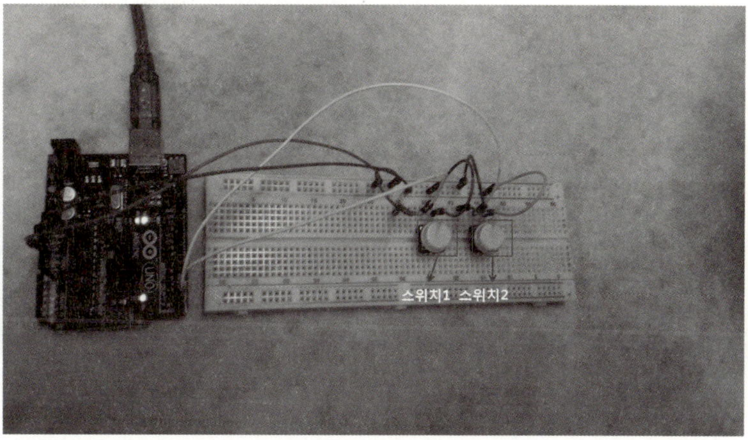

〈 아두이노 우노 보드와 브레드 보드의 구성 〉

〈 아두이노 우노 보드의 구성 〉

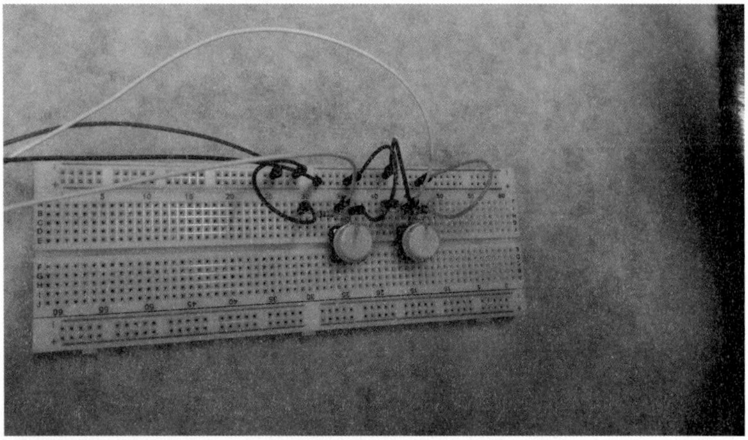

〈 브레드 보드의 구성 〉

II 스크립트 구성

1 S4A의 스크립트가 있는 작업영역 창에서 그림과 같이 스크립트 옆에 있는 모양탭을 선택하여 창을 변경한다.

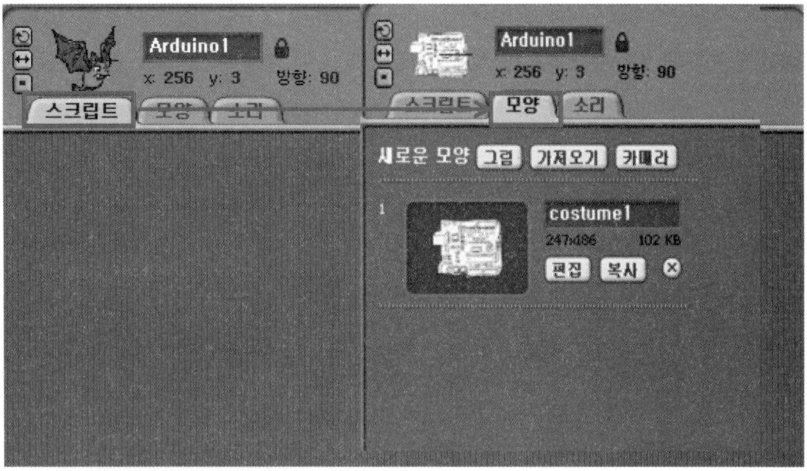

2 모양 창에서 "가져오기"를 선택하면 다음 그림과 같이 "모양 가져오기"창이 새로 열린다.

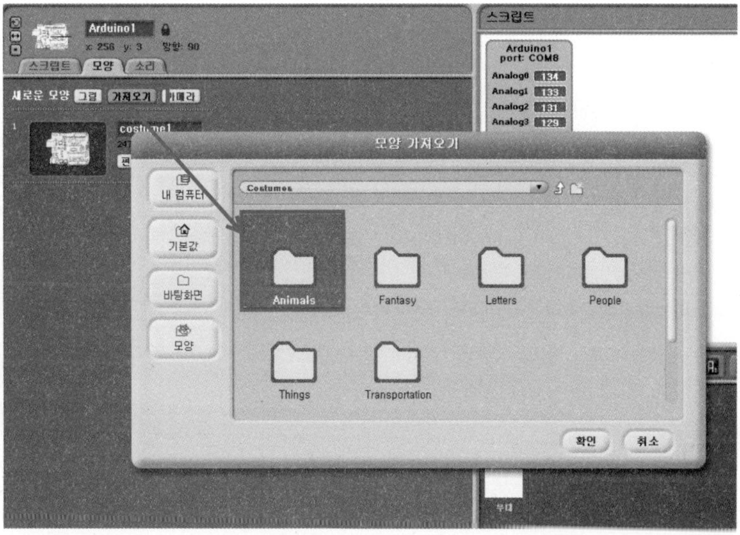

3 "모양 가져오기"창에서 "Animations"폴더를 선택하고 확인을 누른다.

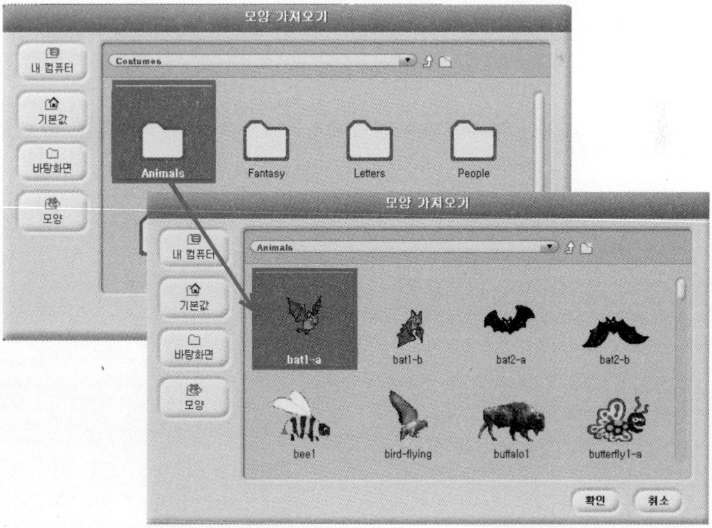

4 "Animations"폴더에서 "bat1-a"를 선택하고 확인을 눌러 선택하면 다음 그림과 같이 가운데 창과 오른쪽 창에 박쥐가 날개를 올린 그림이 나타난다.

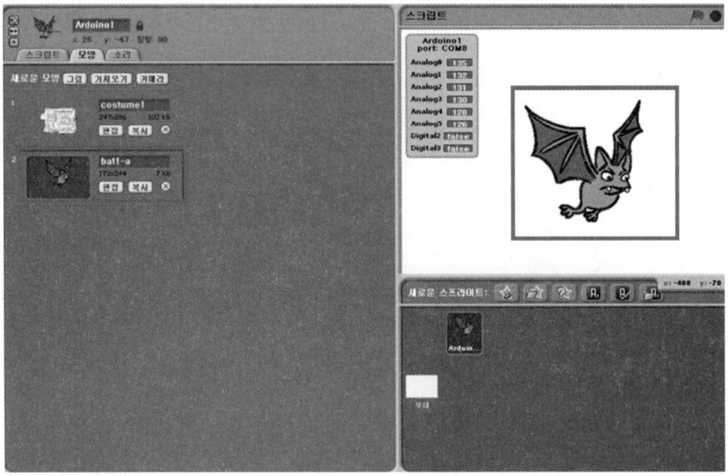

5 다시 3에서와 같이 "모양 가져오기"창에서 "Animations" 폴더를 선택하고 "Animations" 폴더에서 "bat1-b"를 선택하면 다음 그림과 같이 가운데 창과 오른쪽 창에 박쥐가 날개를 내린 그림이 나타난다.

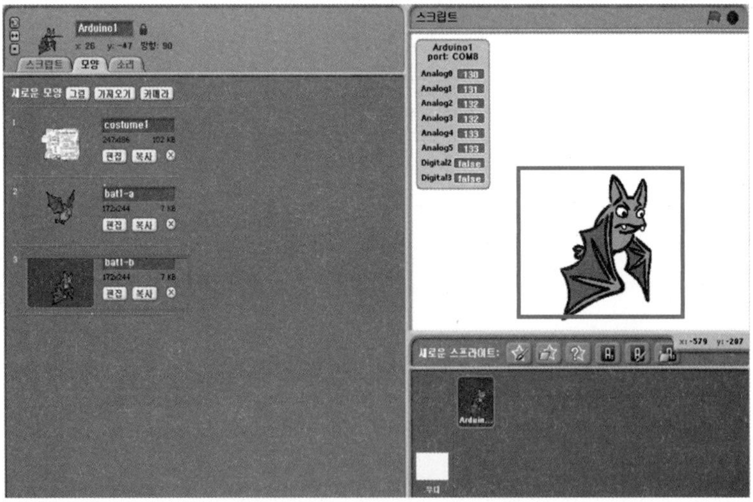

6 스크립트 창을 다시 선택하여 블록명령 형태그룹에서 ❶을 선택하여 스크립트 창으로 끌어 놓는다.

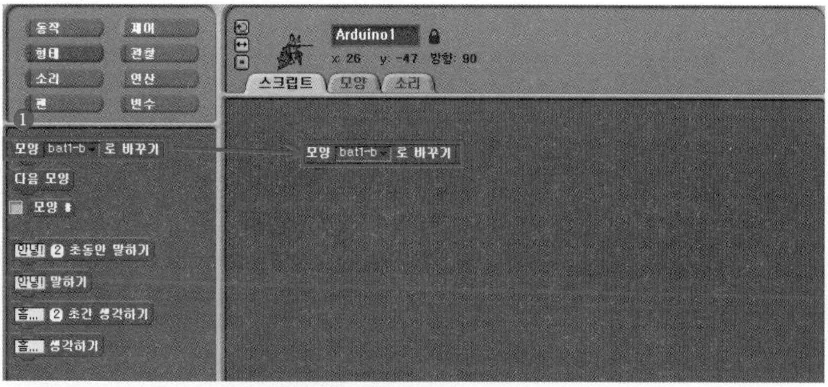

7 스크립트 창을 다시 선택하여 블록명령 형태그룹에서 ❶에서 "bat1-b"를 그림과 같이 "bat1-a"로 변경한다.

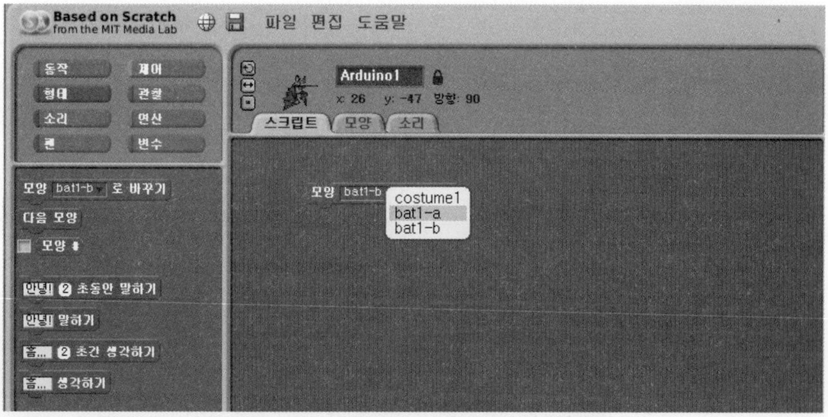

8 아래와 같이 스크립트를 구성한다.

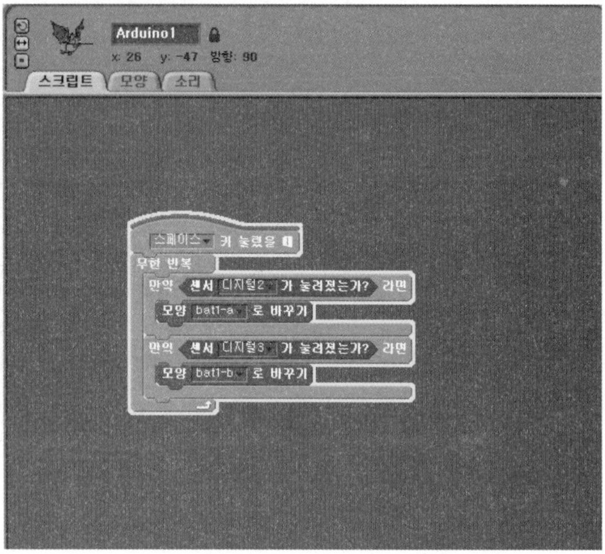

III 동작확인

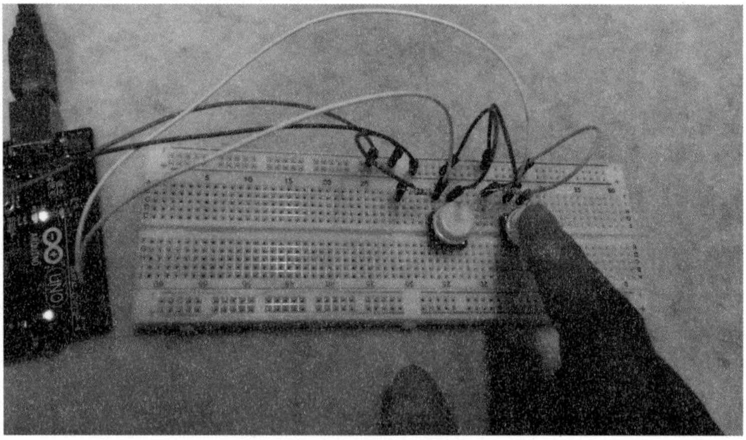

〈스위치 2번을 눌렀을 때〉

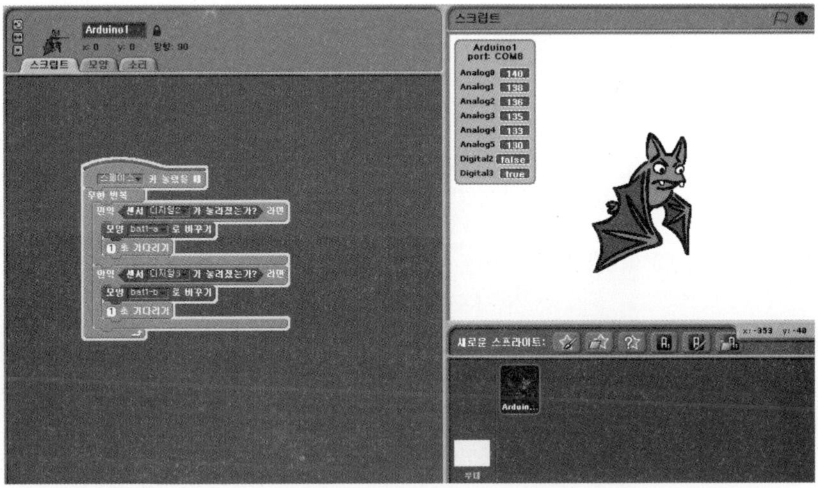

bat1–b로 바뀐다.

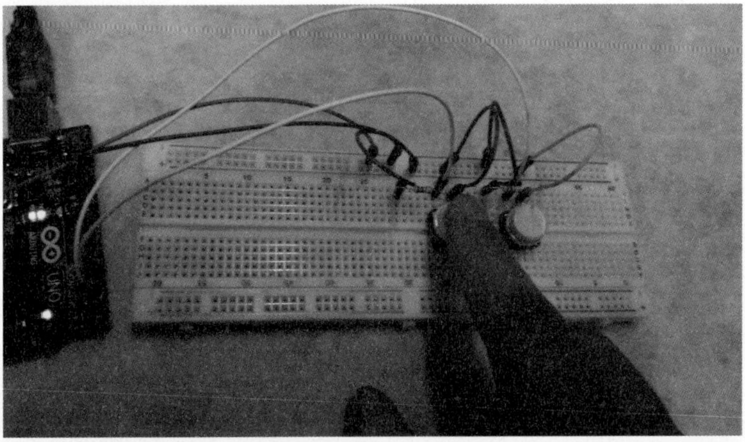

〈스위치 2번을 눌렀을 때. 〉

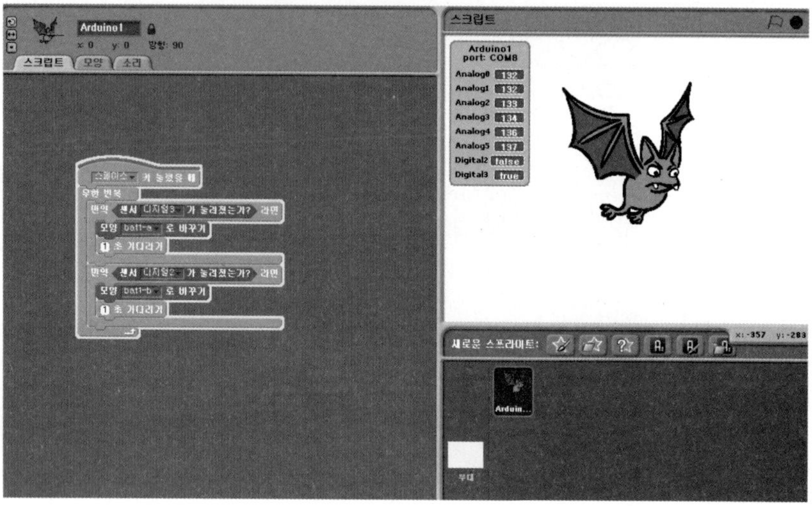
Arduino1
스크립트
모양
소리
Arduino1
port: COM8
Analog0 132
Analog1 132
Analog2 133
Analog3 134
Analog4 136
Analog5 137
Digital2 false
Digital3 true
새로운 스프라이트:

bat1-a로 바뀐다.

CHAPTER 04

아두이노 예제 맛보기

1 피에조 스피커를 이용한 디지털 피아노 만들기

피에조 스피커와 버튼을 이용해 간단한 디지털 피아노를 구현해보자.

01 피에조 스피커란?

피에조 스피커

피에조 스피커는 전기적 신호를 이용해 소리를 내는 부품이다.

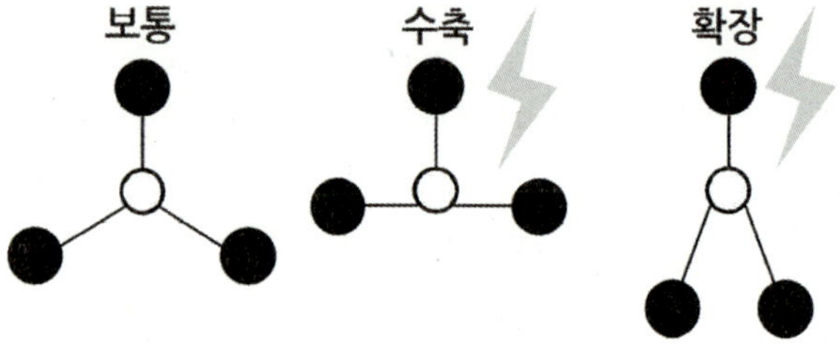

피에조 효과

피에조 스피커는 피에조 효과라는 것을 이용해 소리를 내는 것이다. 피에조 효과란 특정 물질에 전기적 신호를 주면 늘었다 줄었다하는 것을 말한다.

02 디지털 피아노 만들기

1 준비물

피에조 스피커, 버튼스위치 3개, 10k ohm 저항 3개

2 아두이노 구성

디지털 입·출력핀 2번부터 4번까지 버튼을 연결하고, 8번에 피에조 스피커를 연결한다.

③ 아두이노 코드 작성하기

```
// pitches.h를 사용하지 않고 매크로 상수를 바로 선언해서 사용함.
#define NOTE_C4 262
#define NOTE_D4 294
#define NOTE_E4 330
// 버튼으로 사용할 핀들
int pins[] =  { 2, 3, 4 };
// 각 버튼을 눌렀을 때 재생할 음
int notes[] =  { NOTE_E4, NOTE_D4, NOTE_C4  };
void setup()  {
// 반복문을 이용해 버튼 핀들을 모두 입력 모드로 설정한다.
 for (int i = 0; i < 3; i++)  {
  pinMode(pins[i], INPUT);
 }
}
void loop()  {
// 반복문을 이용해 눌러진 버튼에 해당하는 소리를 재생한다.
 for (int i = 0; i < 3; i++)  {
  if (digitalRead(pins[i]) == HIGH)  {
   tone(8, notes[i], 20);
  }
 }
}
```

4 '확인'을 눌러 아두이노 스케치를 저장한다.

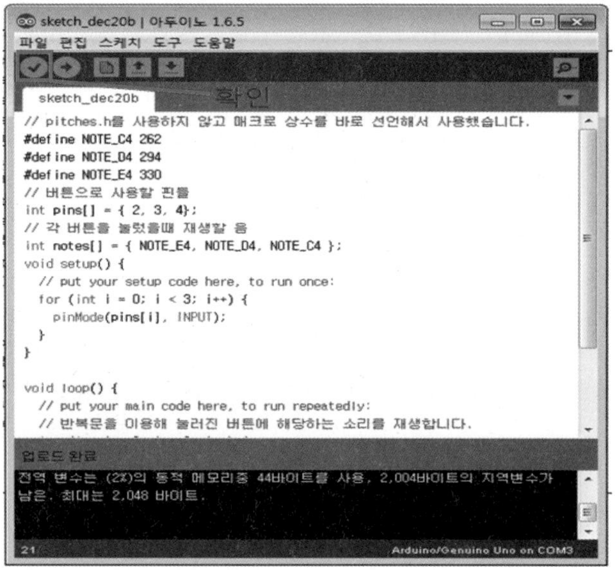

5 '업로드'를 한다.

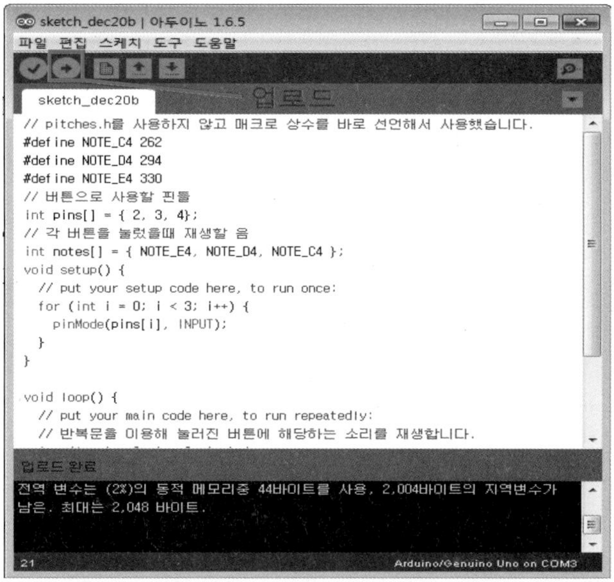

6 버튼을 누르면 각 버튼에 해당하는 소리가 재생된다.

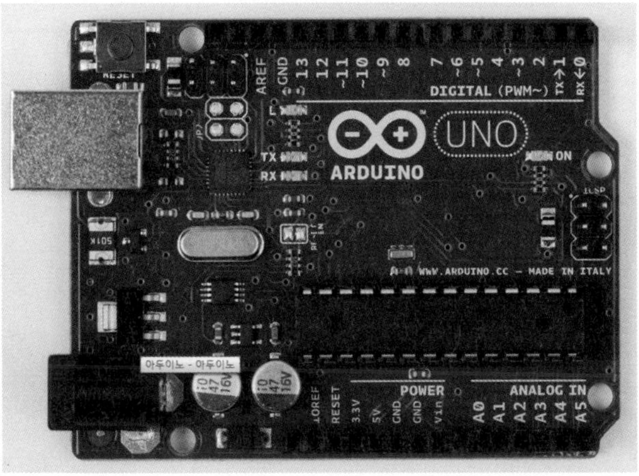

III

항공분야를 위한 아두이노

CHAPTER 01

아두이노의 기초

1 아두이노란?

따라하기 아두이노(Arduino)에 대해 알아본다.

01 아두이노의 역사

〈아두이노 UNO〉

아두이노는 2005년에 이탈리아 밀라노 옆에 있는 Ivrea에서 시작한 프로젝트 이름이며, 주머니가 얇은 학생들이 쓰기 좋게 보다 저렴하고 유용한 컨트롤 장치를 만들기 위해 시작한 프로젝트이다. 아두이노(Arduino)는 이탈리아어로 best friend라는 뜻이고, '믿음직한 친구'나 '절친'이라는 의미를 가지고 있다.

이 프로젝트 이름은 창설자인 Massimo Banzi와 David Cuatielles가 이 마을의 역사적인 인물인 "Arduino of Ivrea"이탈리아 왕에서 가져온 것이라고 하며, 아두이노라는 이름은 이탈리아 남자이름으로 많이 사용 된다고 한다. 이렇게 시작한 프로젝트가 2011년 5월까지 300,000개 이상의 아두이노 유닛을 배출하였고, 이것은 그만큼 다양한 활용을 하고 있다는 의미이다. 국내에도 현재 다양한 분야에서 많은 사람이 사용하고 있고, 대학에서는 공식적인 실습장비로 쓰이기도 한다.

02 아두이노란?

아두이노는 단일 칩 플래시 메모리를 사용한 Atmel AVR 계열의 보드형 기판을 말한다. 오픈소스를 지향하는 마이크로 컨트롤러(Micro controller)를 내장하고 있으며, 일종의 286 수준의 8비트 컴퓨터 보드라고 생각하면 이해가 쉽다. 각종 센서나 기기 등 다양한 장치들을 연결하여 수많은 기능들을 수행할 수 있으며, 컴퓨터와 연결하여 소프트웨어로 제어가 가능하다. 무엇보다 이 모든 것이 공개되어 있는 오픈 소스이기 때문에 조금만 공부한다면 누구나 자동차, 로봇, 드론 및 각종 원하는 기기들을 쉽게 프로그래밍하고 구성할 수 있다. 특히 뭔가를 만지고 고치는 것을 좋아하는 사람이라면 아두이노의 매력에 한번 빠지면 헤어 나오기 힘들 것이다. 지금부터 다양하고 무궁무진한 아두이노의 세계로 달려들어 머릿속에 들어 있는 상상을 현실로 바꾸어 보자.

03 아두이노의 종류

아두이노는 오픈된 마이크로 컨트롤러인 만큼 필요한 기능을 추가해가며 좀 더 강력하고 많은 일을 수행가능 하도록 업그레이드되면서 새로운 다양한 종류가 탄생하게 된다. 그중에 몇 가지 중요한 종류만 알아보고 가도록 한다.

1) 아두이노 우노(Arduino uno) – 기본이 되는 아두이노

〈아두이노 UNO〉

아두이노 우노는 처음 아두이노를 접하여 시작하기 가장 좋은 보드이며, 초보자가 사용하기에도 매우 강력한 기능을 가진 보드이다. 또한 현재 가장 많이 이용하고 있는 보드이기도 하다. 14개의 디지털 포트와 6개의 아날로그 포트로 구성되어 있으며 USB 포트를 이용하여 컴퓨터와 연결하여 코딩할 수 있다.

2) 아두이노 듀(Arduino Due) – 성능이 향상된 아두이노

〈아두이노 DUE〉

아두이노 듀는 두 번째라는 이탈리아어이며, 아두이노의 두 번째 버전이라고 생각하면 된다. 아두이노를 베이스로 만든 32bit ARM 코어 마이크로 컨

트롤러로써 12개의 아날로그 입력과 54개의 디지털 입출력을 가지고 있다.

3) 아두이노 윤(Arduino yun) – 인터넷이 가능한 아두이노

〈아두이노 YUN〉

32비트 리눅스 기반의 마이크로 컨트롤러로 WIFI 모듈이 붙어있고 리눅스가 설치되어 있으며, 아두이노의 편리함과 리눅스의 힘을 결합시킨 강력한 아두이노 보드이다. 마이크로SD 슬롯과 20개의 디지털 입출력 포트를 가지고 있다. 다른 아두이노와 마찬가지로 USB를 이용하여 컴퓨터와 연결 한다

4) 아두이노 릴리패드(Arduino lilypad) – 웨어러블용 아두이노

〈아두이노 LILYPAD〉

아두이노 웨어러블 버전이다. 전도성이 있는 실을 이용하여 꿰매어 사용할 수 있고 가벼운 세탁도 가능하다

5) 이외에도 다양하고 강력한 아두이노 제품들과 관련 모듈 등이 아주 많다. 아래의 아두이노 공식 홈페이지를 방문하면 좀 더 다양한 보드에 대한 자세한 정보를 알 수 있으며, 확장 가능한 모듈, 실드, 액세서리, 키트 등에 관해서도 자세히 알 수 있다.

2 아두이노 기본 사용법

따라하기 아두이노(Arduino) 사용 개념에 대해 알아본다.

01 아두이노 준비물

1) 아두이노

컴퓨터의 중앙처리 장치와 같다 입력된 프로그램에 따라 외부 입출력을 직접 제어한다. 앞서 소개된 여러 종류의 아두이노 중 아두이노 우노를 사용한다.

〈아두이노 우노〉

2) 소프트웨어

IDE(Integrated Development Environment)라 하며, 아두이노에 프로그램작업, 컴파일, 다운로드, 업로드 등을 할 수 있도록 아두이노 공식 홈페이지에서 제공 된다. 지원되는 O/S는 윈도우, MAC, UNIX 등이 있으며, 여기서는 윈도우 7 32 bit 환경에서 사용한다.

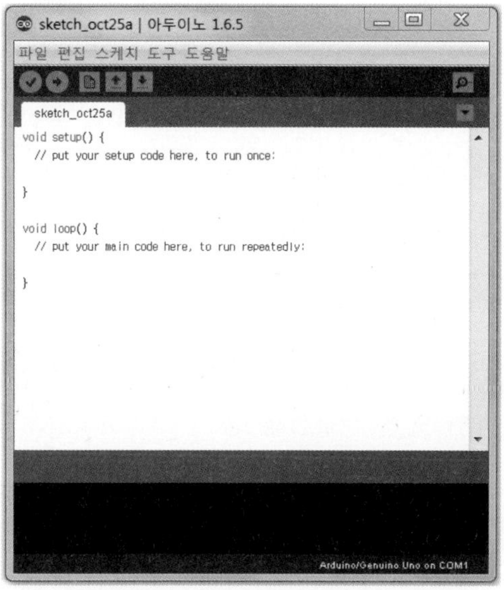

〈소프트웨어 실행 화면〉

3) 컴퓨터

아두이노는 컴퓨터와 USB 포트를 이용해 연결하며, IDE를 설치하여 사용자가 작성한 프로그램을 아두이노에 업로드 할 수 있다.

〈컴퓨터〉

4) USB 케이블 : 컴퓨터와 아두이노를 연결하는 케이블이다.

〈USB cable〉

5) 센서와 소자 : 아두이노와의 입출력으로 사용 될 센서와 소자들이다. 일반적인 led와 같은 부품에서 센서까지 다양한 소자들이 사용된다.

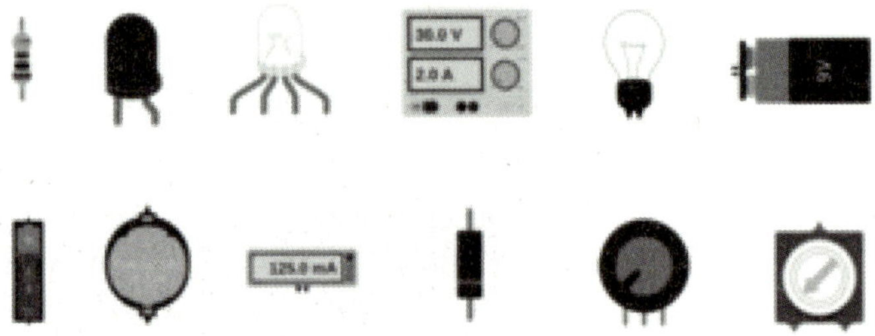

〈센서와 소자〉

02 아두이노 사용 개념

컴퓨터를 이용하여 작성한 프로그램을 USB케이블을 통해 아두이노로 업로드 한다. 업로드 된 프로그램에 의해 아두이노는 외부 입출력 단자를 제어하여 사용자가 원하는 결과를 만들어 내게 된다. 사용자가 해야 할 것은 하드웨어의 구성과 소프트웨어인 프로그램을 하는 것인데, 이를 통해 상상속의 다양한 제품과 결과물을 현실화 할 수 있으니 마음껏 상상하여 꿈을 현실로 가져와 보자.

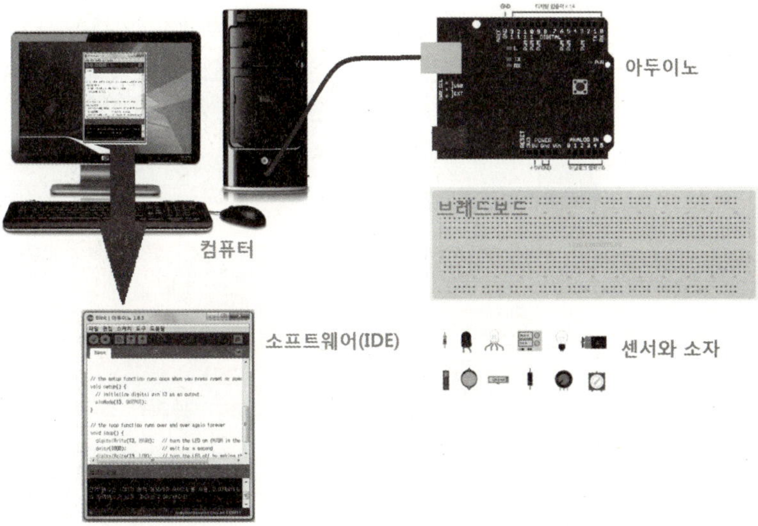

〈아두이노 사용 구성 〉

따라하기 아두이노(Arduino)소프트웨어를 설치해 본다.

03 아두이노 기본 사용법

1) 아두이노 소프트웨어

아두이노에 필요한 프로그램을 편집, 컴파일, 업로드 할 수 있는 소프트웨어이다. 오픈 소스이기 때문에 공식 홈페이지(http://www.arduino.cc/)를 방문하면 누구나 무료로 다운받아 사용할 수 있고 라이브러리 파일도 무료로 제공 받을 수 있다.

2) 설치방법

❶ 공식 홈페이지를 방문한다.

〈아두이노 홈페이지 http://www.arduino.cc/〉

❷ 상단 메뉴에서 [Download]를 클릭한다

〈아두이노 소프트웨어 다운로드〉

공식 홈페이지의 Download를 누르면 다운로드 화면이 나온다.

TIP

- 아두이노 홈페이지의 다른 메뉴도 잘 살펴보자.
- Buy : 아두이노 제품 및 실드, 액세서리 등을 구매 할 수 있다.
- Learning : 아두이노 강좌가 포함되어 있다.
- Forum : 아두이노에 대한 여러 정보를 볼 수 있다.
- Support : Faq, Contacts us 등이 있다.
- Blog : 아두이노 블로그 관련 행사 등의 글이 있다.

❹ 화면을 살펴보면 아두이노 1.6.5 버전에 대해 윈도우즈, 리눅스, Mac 등에서 사용 할 수 있는 소프트웨어를 다운 받을 수 있다. 우리는 윈도우즈용을 다운로드 받기 위해 [Windows Installer]를 눌러 소프트웨어를 다운로드 받는다. 1.0.6, 1.0.x, 1.6.x 웅 이전 버전에 대해서도 다운로드가 가능은 하지만 최신 버전을 사용하기로 한다.

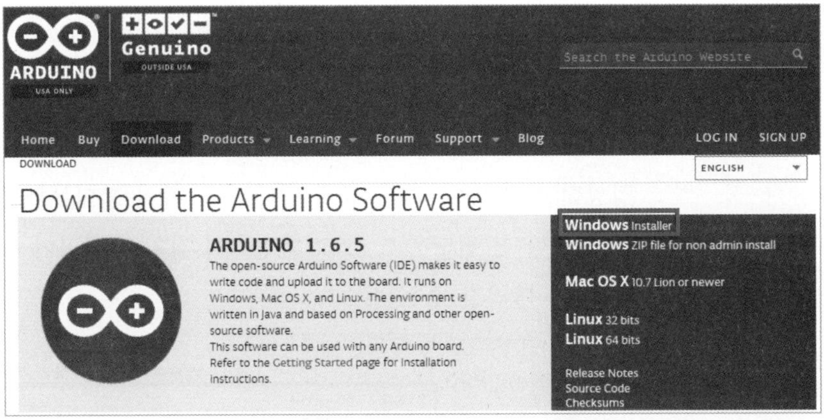

〈윈도우용 소프트 웨어 다운로드〉

우측의 Windows installer를 클릭하여 다운로드 한다.

❺ [JUST DOWNLOAD]를 눌러 다운로드를 시작한다.

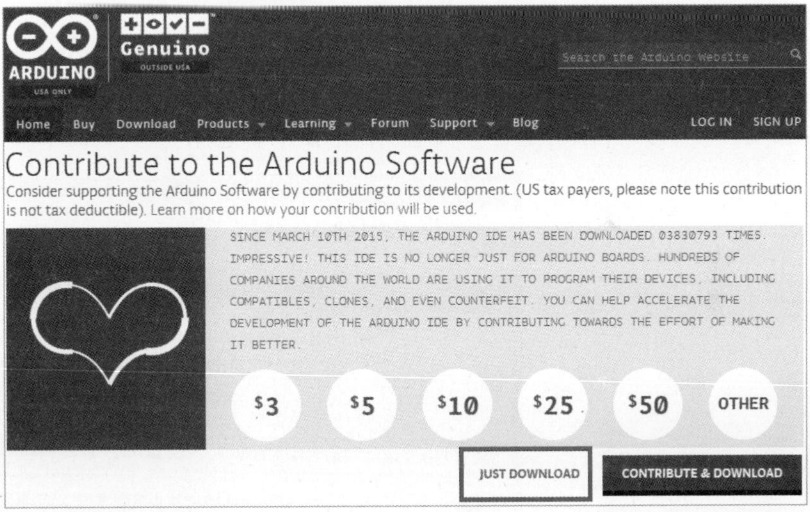

❻ 화면 하단에 아래와 같은 메시지가 나타나면 [저장(S)]를 눌러 소프트웨어를 저장한다.

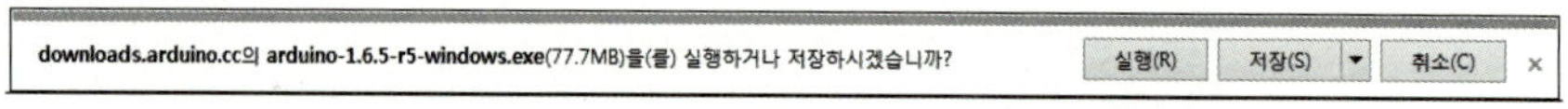

저장을 눌러 다운로드 폴더에 저장하거나 다른 곳을 지정해도 된다.

❼ arduino-1.6.5-r5-windows 라는 파일명과 79,585KB의 크기 파일이 있다면 정상적인 다운로드가 완료된 상태이다. 파일을 더블클릭 하여 소프트웨어를 설치한다. 윈도우 7, 32bit 환경에서 설치 과정이며, O/S나 컴퓨터 환경에 따라 달라질 수 있다.

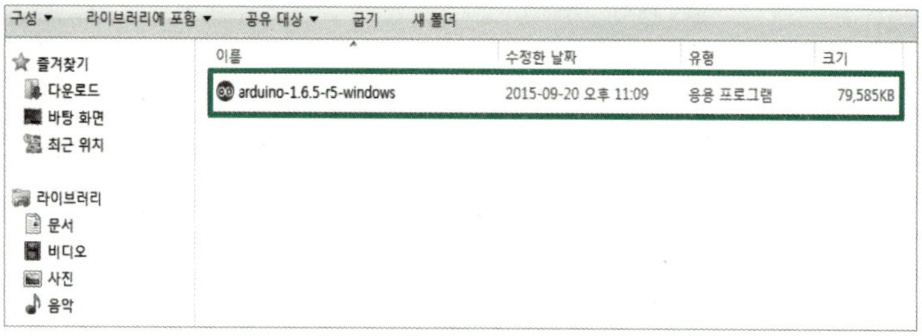

〈소프트웨어 설치〉

arduino-1.6.5-r5-windows파일을 더블클릭하여 설치한다.

❽ 다음과 같은 과정을 따라 설치가 된다.

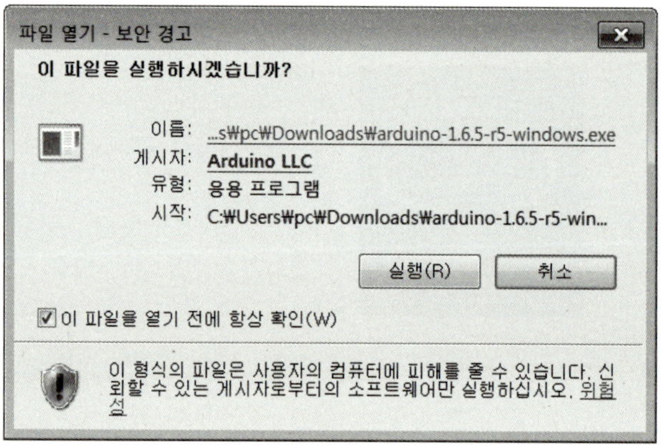

〈실행 확인〉

소프트웨어 실행여부를 확인하는데 실행(R)을 누른다.

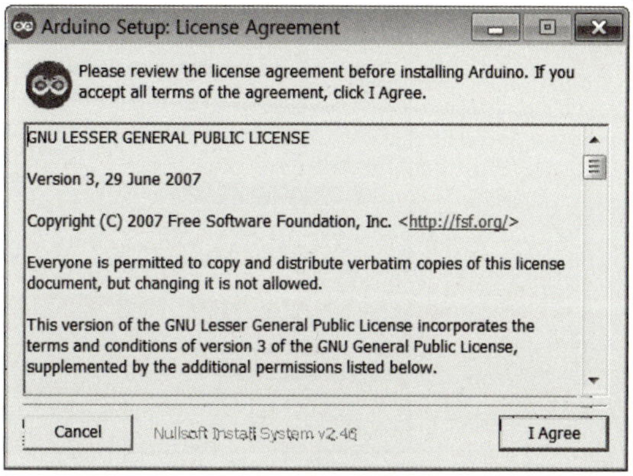

〈설치동의〉

소프트웨어 설치와 라이센스 동의인 [I Agree]를 누른다.

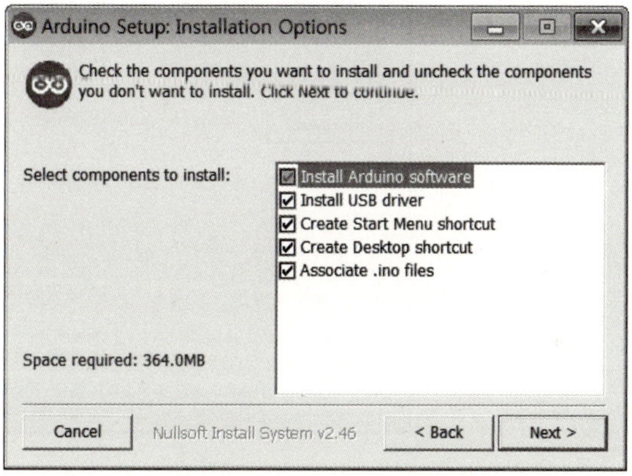

〈함께 설치할 소프트웨어〉

설치 옵션이다. 모두 선택하고 [NEXT] 누른다.

TIP

- 아두이노 소프트웨어, USB드라이버는 필수 설치 옵션이고, 그 외 바탕화면과 메뉴에 아이콘 설치, 관련정보파일은 설치하지 않아도 되나 프로그램 실행 단계의 원활한 진행을 위해 전체 옵션을 체크하고 다음 순서로 넘어간다.

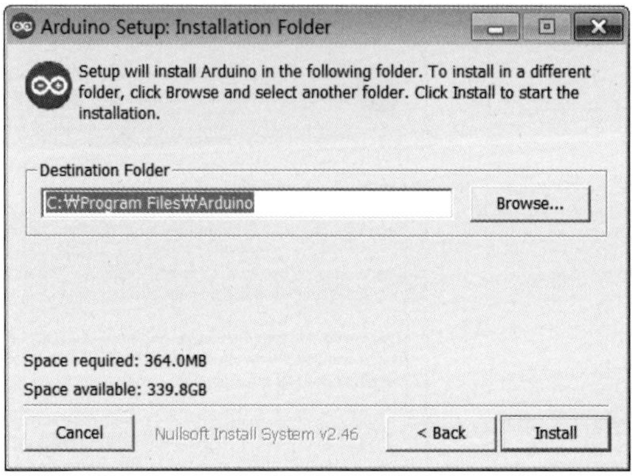

〈설치 위치〉

설치할 폴더를 선택한다. [install]을 누르고 진행 한다.

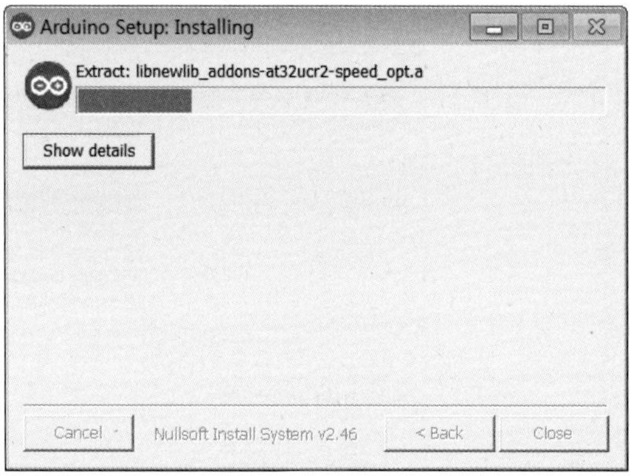

〈설치 진행〉

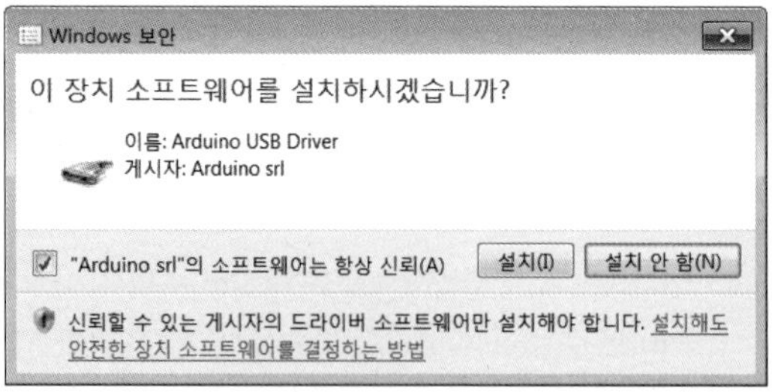

〈USB 드라이버 설치〉

[설치(I)]를 누른다.

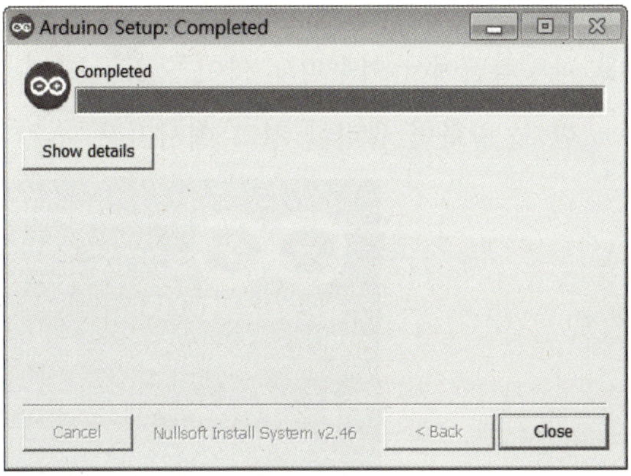

〈설치 완료〉

설치가 완료된 상태이다 [CLOSE]눌러 설치를 마친다.

⑨ 아래 그림과 같은 아이콘이 바탕화면에 나타났다면 성공적으로 설치가 완료된 것이다.

TIP

- 설치 과정과 화면은 윈도우7에 아두이노 1.6.5 설치 과정이고 버전이 다른 소프트웨어, 다른 운영체제의 컴퓨터, 앞으로 업그레이드 될 소프트웨어는 다른 설치 화면으로 진행될 수 있다. 설치 진행은 유사하니 바뀐다 하더라도 설치하는데 문제는 없을 것이다.

따라하기 아두이노 소프트웨어 시작하기

⑩ 바탕화면에서 아두이노 아이콘[Arduino]을 더블클릭하여 소프트웨어를 실행한다. 방화벽 관련한 경고 메시지가 나온다면 [허용]을 눌러준다.

〈실행 화면〉

실행하면 위와 같은 화면이 잠시 나오고 화면이 나타난다.

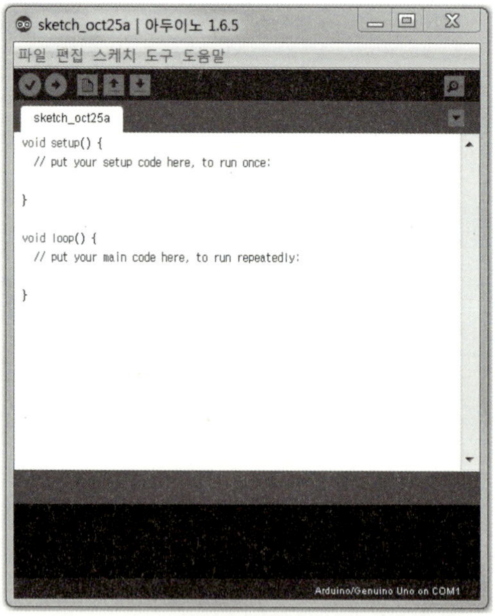

〈실행 완료〉

정상 실행되면 나타나는 화면이다

⑪ 주요 메뉴를 살펴본다.

〈 초기 화면〉

- **탭 목록** : 작업 중인 스케치 목록들이다.
- **텍스트 에디터** : 프로그램을 작성하는 공간으로 이곳에서 주로 작업을 한다.
- **콘솔** : 작업한 결과를 표시해 주는 창이다. 컴파일, 업로드, error 등의 메시지가 표시되니 컴파일이나 업로드 할 경우 반드시 확인해야한다.

⑫ 5가지 툴바 메뉴 []

- **확인**  : 작성한 스케치 프로그램을 아두이노가 알 수 있는 기계어로 변환 시킨다. 이 과정을 컴파일이라 한다.
- **업로드**  : 컴파일 된 프로그램을 아두이노에 업로드 한다. 확인을 누르지 않아도 업로드를 누르면 컴파일 후 업로드가 된다.

- **새파일** : 새로운 스케치를 작성 할 수 있는 새로운 창을 열수 있다.
- **열기** : 저장했던 스케치 프로그램을 불러 온다
- **저장** : 현재 작업 중인 스케치 프로그램을 저장 한다.

⑬ 도구

보드로 들어가 Arduino Uno를 선택한다. 다른 보드의 경우 해당 보드를 선택하면 된다. 보드 바로 아래의 포트는 보드와 통신할 일종의 통로인데 보드만 선택하면 자동으로 설정이 된다.

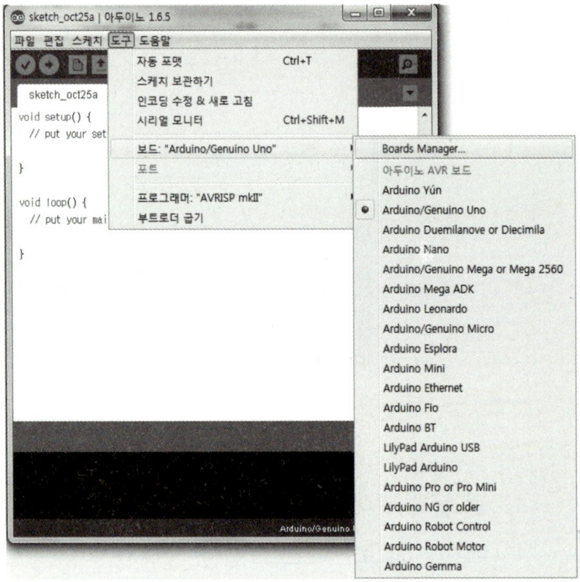

〈아두이노 보드 종류 설정〉

자신이 가진 아두이노를 선택한다.

⑭ 아두이노를 USB포트에 연결한다. 전원이 공급되면서 아래 그림과 같이 ON 이라는 녹색 LED에 불이 켜지고 아두이노가 준비상태가 된다.

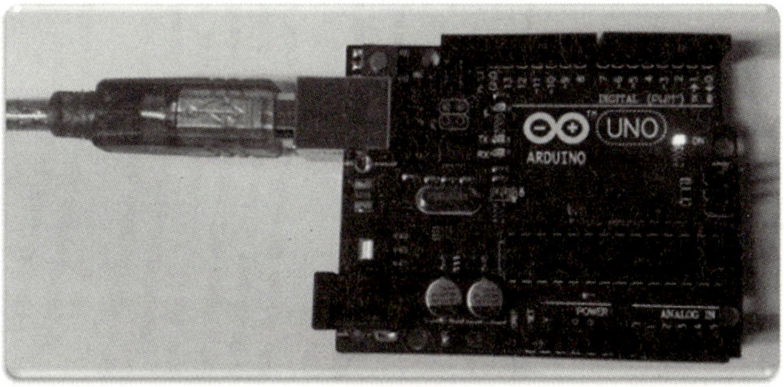

〈USB 연결〉

USB포트에 아두이노를 연결 한다

⑮ 파일 → 예제 → 01.Basics → Blink를 클릭하여 예제를 불러온다.

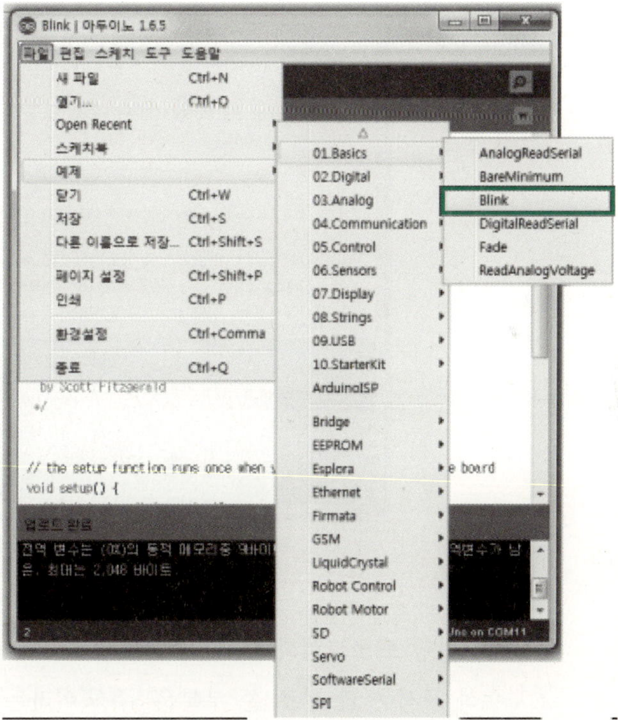

〈예제파일 불러오기〉

Blink는 아두이노 보드의 LED를 깜빡이게 하는 프로그램이다.

TIP

- 아두이노는 오픈 소스를 지향하기 때문에 외부기기와 연결하여 사용할 수 있는 기본 예제파일이 수록되어 있다. 지금부터는 예제파일을 업로드 하여 LED를 깜빡거리는 예제를 컴파일 하는 과정과 프로그램 문법에 대해서 간단히 알아본다.

⑯ Blink 예제 파일의 내용을 알아보자

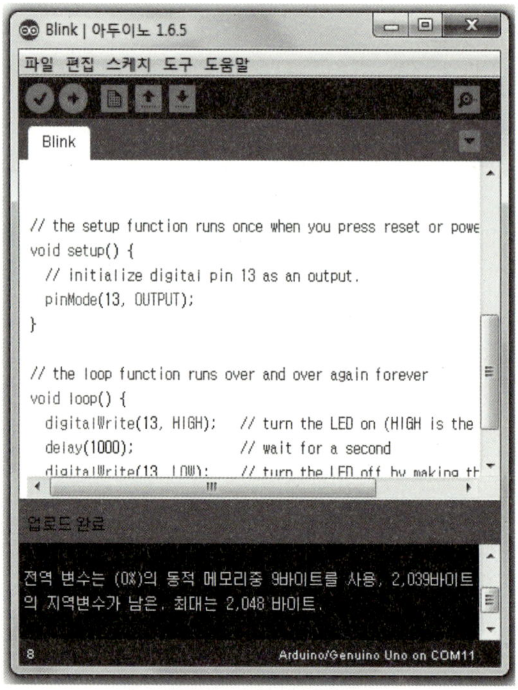

〈Blink 예제피일〉

Blink 실행 프로그램화면이다.

- 주석 표시 /* 과 // 로 쓴 부분은 '주석'이라는 부분으로 프로그램에 영향을 미치지 않는 프로그램의 설명 등의 도움 글이나 추가 글을 기록하는 공간이다.

```
/*
  Turns on an LED on for one second, then off for one
  second, repeatedly.
  이 구간에 쓰는 글은 프로그램에 영향을 주지 않는 주석부분
*/

// the setup function runs once when you press reset or
  power the board
//   <-  // 표시도 주석이라는 의미이다.
```

- 프로그램 부분으로 보드의 13번 핀 앞에 있는 'L'이라고 써진 LED가 1초 동안 켜지고, 1초 후에 꺼진다. loop 함수에 의해 위의 과정이 반복되어 1초 단위로 LED가 점멸 된다. delay(1000)의 시간을 변경하면 점멸 시간을 제어할 수 있다.

```
void setup() {
// 함수 부분으로 프로그램 시작되면 1번  실행된다.

  pinMode(13, OUTPUT);
// 13번 핀을 출력으로 설정한다는 의미
}

void loop() {
// 반복 함수 부분으로 지속적으로 반복된다.

  digitalWrite(13, HIGH);
 /* 13번 핀에 high voltage를 인가한다. 13번 핀에 부착된  led가 켜진다. */

  delay(1000);
/* 1초 동안 기다린다. 1000은 1초라는 의미이며 수치를 변경하면 led가 켜지
는 시간이 달라진다. */

  digitalWrite(13, LOW);
// 13번 핀에 low voltage를 인가한다. 즉, led가 꺼진다.
```

```
delay(1000);
// 1초 동안 기다린다.
```

TIP

- 프로그램을 공부 했다면 쉽게 이해하겠지만, 그렇지 않다 하더라도 앞으로 진행되는 과정을 따라 하면서 프로그램 설명을 보다 보면 대략적으로 이해가 될 것이다.

⑰ 업로드를 눌러 프로그램을 아두이노에 업로드 한다. 업로드가 완료되면 하단 콘솔 창에 데이터가 전송되었음이 나타난다.

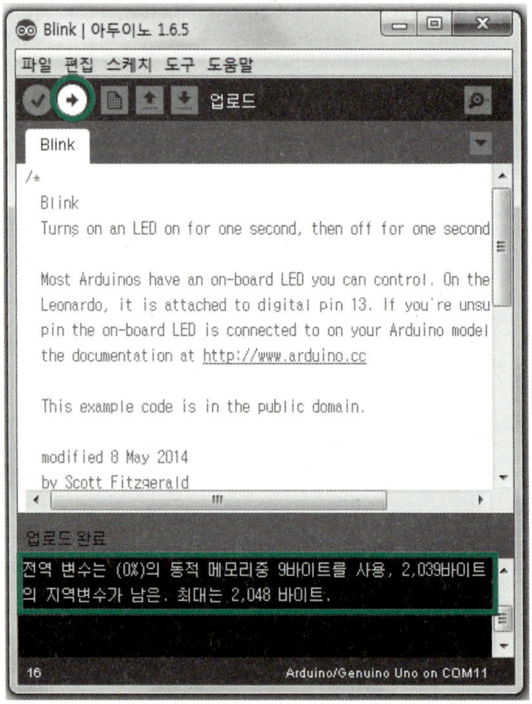

〈Blink 예제파일 업로드〉

⑱ 업로드 중에는 아두이노 보드의 TX, RX LED가 깜빡인다.

- **TX(송신)** : 아두이노가 데이터를 전송할 때 깜빡인다.
- **RX(수신)** : 컴퓨터로부터 데이터를 전송받을 때 깜빡인다.

⑲ 업로드가 완료되면 13번 핀 앞의 led가 1초 동안 켜졌다가 다시 1초 동안 꺼지는 것을 확인할 수 있다.

TIP

- 프로그램에서 delay(1000)에서 숫자를 바꿔가면서 변화를 살펴보는 것도 재미있을 것이다. 이것이 바로 소프트웨어를 이용하여 하드웨어를 직접 제어하는 '맛'이며, 여러분의 상상을 실현시켜 줄 첫 발걸음이 되리라 생각한다.

CHAPTER 02

하드웨어의 기본 지식

1 가변저항

01 준비물 : 가변저항

〈가변저항〉

❶ 가변저항은 저항의 값을 변화시킬 수 있는 저항을 의미 한다.

❷ 5V 와 GND는 서로 바뀌어도 상관은 없으나 저항의 오름과 내림이 반대 방향으로 바뀐다. 가운데 다리는 저항의 변화를 아두이노의 입력으로 사용할 때 연결한다.

❸ 멀티미터로 제어와 5V, 제어와 GND를 연결하여 저항 값의 변화를 측정해 보면 알 수 있다.

2 DC 모터

01 준비물 : DC모터

❶ DC(Direct Current) 모터: 직류 전원을 공급받아 회전하는 모터로서, 극성을 반대로 하면 회전 방향이 바뀐다.

〈다양한 DC 모터〉

❷ 뒤에서 다루어 볼 실험에서 항공기 모형의 엔진 대신에 DC 모터로 대체하여 Thrust Lever를 움직여 회전수를 조절 할 수 있도록 할 예정이다.

❸ 가변 저항을 이용하여 TR의 베이스 단자의 입력 전압을 조절함으로서 TR의 출력 전압을 조절하여 DC 모터의 회전수를 제어하는 방법에 대해 다룰 예정이다.

3 조이스틱

01 준비물 : 조이스틱

❶ 조이스틱은 2개의 가변 저항과 1개의 스위치로 구성되어 있다.

- GND, 5V에는 아두이노의 전원을 연결한다.
- VRx, VRy에는 가변저항으로 조이스틱의 움직임에 따라 저항 값의 변화를 아두이노의 입력으로 사용할 수 있다.
  - VRx : Variable Resistance x (x축 가변저항)
  - VRy : Variable Resistance y (y축 가변저항)
- SWITCH : 조이스틱을 수직으로 누르면 스위치가 눌러진다. 아두이노의 입력으로 사용할 수 있다

〈조이스틱 모듈〉

❷ 조이스틱 모듈 테스트: 멀티미터 단자를 VRx 와 GND 단자에 각각 대고 조이스틱을 움직여 조면 멀티미터의 저항 값이 변화되는 것을 확인 할 수 있다(저항 측정에는 극성이 없으니 +, -에 신경 쓸 필요가 없다)

〈V R x 단자 테스트〉

저항 값의 변화를 확인 한다

❸ 조이스틱 모듈 테스트: 멀티미터를 SWITCH 와 GND 단자에 각각 대고 조이스틱을 수직으로 누르면 스위치가 눌려지고 멀티미터의 저항 값이 ∞ 에서 0으로 변화되는 것을 확인 할 수 있다.

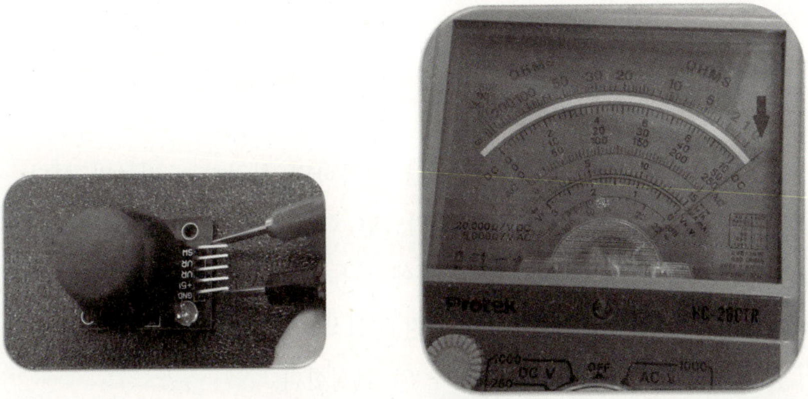

〈SWITCH 단자 테스트〉

저항 값의 변화를 확인 한다.

❹ 조이스틱 모듈은 항공기 모형의 조종간으로 사용될 예정이며, 조이스틱의 x, y 값의 변화에 따라 서보모터를 제어하여 비행기 조종면이 움직이도록 구성할 계획이다.

4 서보모터

따라하기

01 **준비물** : 앞에서 설명된 아두이노, USB cable, 컴퓨터, S/W 기본 환경은 제외

1) 서보모터(sg-90)

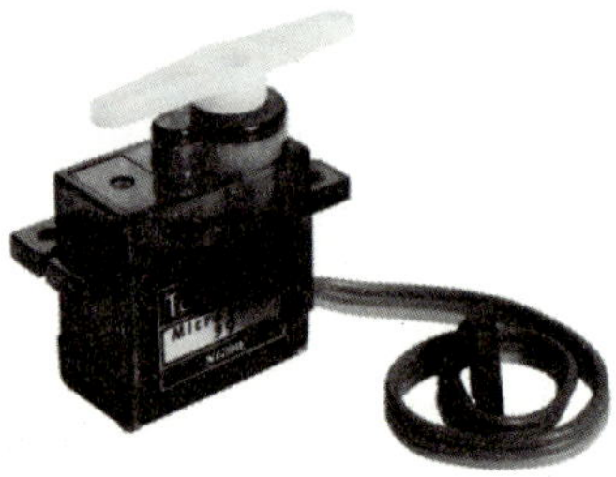

〈서보모터 (sg-90)〉

❶ 일반 모터는 전원을 인가하면 회전하는 기능만 한다. 서보모터는 펄스를 통해 필요한 각도만큼만 회전 하도록 제어할 수 있어 비행기의 조종 장치나 로봇의 관절 등에 사용되는 모터이다.

❷ 서보모터에는 3가지색(갈색, 빨강, 오렌지색) 선이 있다.

- **갈색** : 전원의 – 와 연결한다.
- **빨강** : 전원의 + 와 연결한다.
- **오렌지색** : PWM 신호가 입력되는 곳으로 서보모터 제어용 신호가 입력된다.

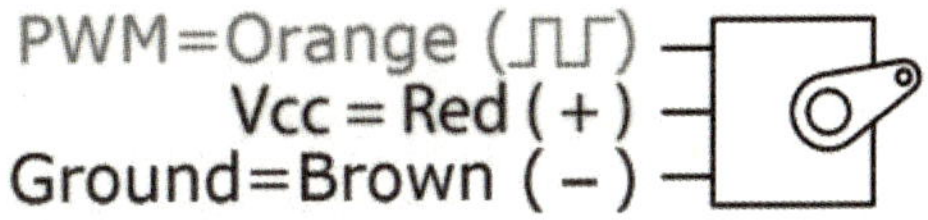

〈서보모터 배선도〉

TIP

- PWM(Pulse with Modulation)은 사각 펄스 형태의 파형을 말하는데 펄스의 폭을 조정하여 서보 모터를 제어할 수 있다.

❸ 서보보터는 사각형 모양의 펄스를 20 ms 주기로 입력을 받는데, 20 ms마다 오는 펄스의 폭에 따라 서보모터의 각도가 제어 된다.

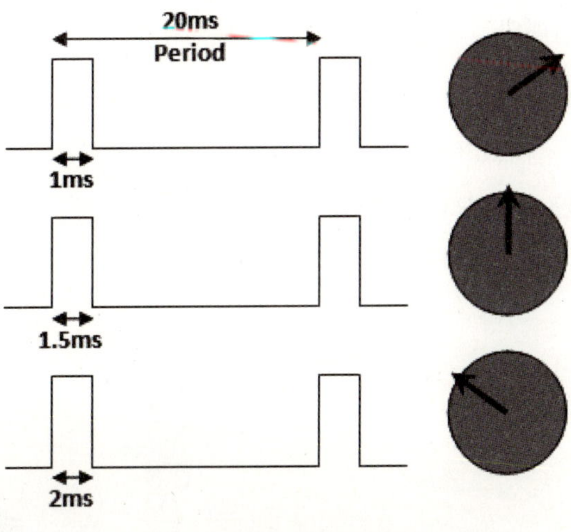

〈서보모터 각도 제어〉

2) 브레드보드

❶ 그림 A 부분은 가로 방향으로 내부에 선으로 연결이 되어 있다. B 부분은 세로로 연결되어 있다. 가로와 세로의 배선을 이용하여 실제 회로를 만들기 전에 테스트 목적으로 사용되는 것이 브레드보드이다.

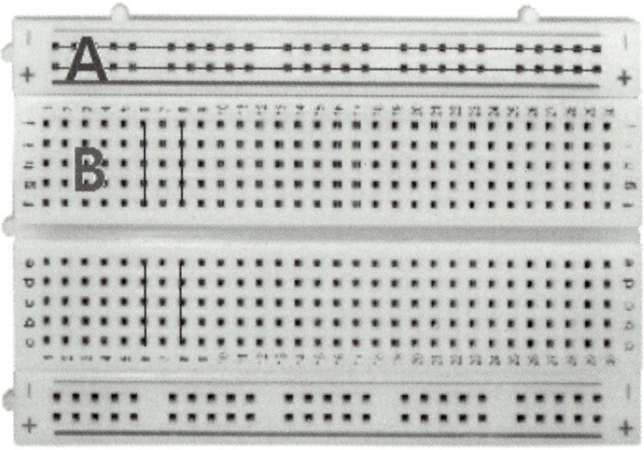

〈브레드보드〉

02 서보모터 제어하기

1) 회로구성

아래와 그림과 같이 브레드보드와 아두이노를 연결한다.

❶ 서보모터 +, - 단자는 아두이노 + 5V, GND와 각각 연결한다. 아두이노는 USB 포트로부터 공급받은 전원을 이용한다.

❷ 서보모터 신호단자는 아두이노 디지털 출력인 오른쪽의 3번과 연결 한다. 아래 그림의 오른쪽 단자들이 아두이노가 데이터를 출력하는 출력단자들이다.

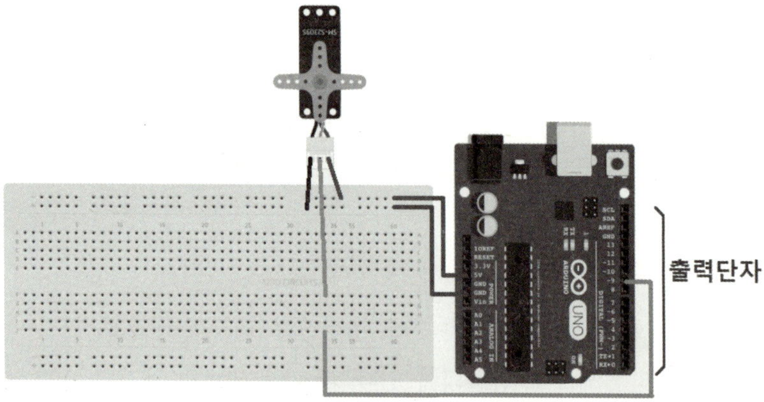

〈서보모터 회로 구성〉

❸ 브레드보드와의 연결은 아두이노 전용 점퍼 선으로 하며, 시중에서 쉽게 구매할 수 있다.

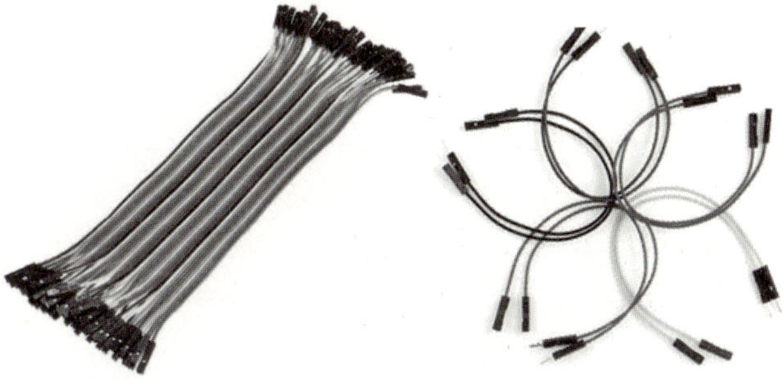

〈아두이노 전용 점퍼선〉

2) 예제 프로그램 작성

```
#include<Servo.h>
/*서보모터 제어를 위한 라이브러리를 불러온다.
서보모터 라이브러리란 프로그램을 만드는데 이용하는 일종의 코드 집합체로 서
보모터를 제어하는 코드들을 내장하고 있다 */

Servo myservo;
//myservo 라는 변수의 선언, 내가 사용할 서보모터의 이름이 된다

int pos = 0;
//각도(위치)를 위한 pos라는 변수 선언

void setup()
{
myservo.attach(9)
}
/* myservo, 즉 서보모터를 아두이노 9번핀에 연결한다는 의미, 회로도 상에도
아두이노의 9번핀에 서보모터의 펄스 단자를 연결한다 */
```

```
void loop()
{

  myservo.write(0);
  delay(3000);
// 각도 0도로 위치한 후 3초간 멈춘다

 myservo.write(180);
  delay(3000);
//각도 180도로 위치한 후 3초간 멈춘다

}
```

프로그램을 실행하면 0도에서 3초간 멈춘 후 180도 회전 한다.

3) 프로그램 업로드

업로드를 눌러 프로그램을 업로드 한다.

0도 위치

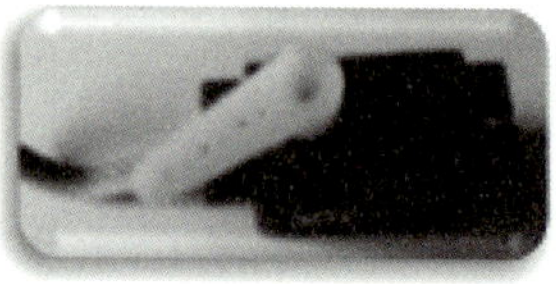

180도 위치

〈서보모터 움직임〉

4) 서보모터는 항공기 모형의 3가지 조종면을 움직이는 역할을 맡게 된다. 조이스틱의 입력을 받아 x축, y축의 입력 값에 따라 각각 항공기 Aileron 과 Elevator 역할을 한다.

TIP

- 각도나 delay 값에 변화를 주고 생각대로 움직이는지 시도해 보자.

CHAPTER 03

항공기 모형 응용

1 조종과 조종계통 이해

01 3축 운동과 조종면

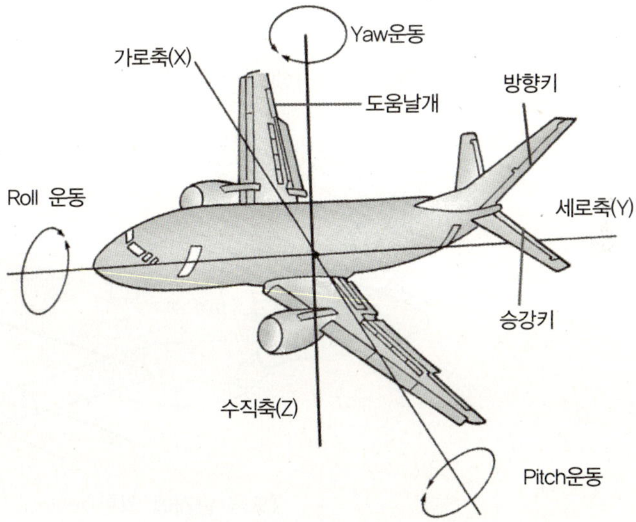

〈비행기 3축 운동〉

02 공간상에서 3축(세로축, 가로축, 수직축)에 대해 3가지 운동인 롤운동(rolling), 피치운동(pitching), 요운동(yawing)을 하며 3가지 운동을 하기 위한 조종면을 주 조종면이라하고 조종면으로는 도움날개(aileron), 승강키(elevator), 방향키(rudder)가 있다.

항공기축	세로축 (longitudinal axis)	가로축 (lateral axis)	수직축 (vertical axis)
조종면	도움날개(aileron)	승강키(elevator)	방향키(rudder)
운동	롤(roll)/옆놀이	피치(pitch)/키놀이	요(yaw)/빗놀이

〈기준축과 조종면의 관계〉

03 3가지 조종면

❶ **도움날개(aileron)**: 주 날개 좌우 끝에 설치되어 있으며, 서로 반대방향으로 움직인다. 조종간을 좌측으로 움직이면 좌측 도움날개는 올라가고 우측 도움날개는 내려가고 비행기는 세로축을 기준으로 롤운동(rolling)을 한다.

〈도움 날개에 의한 rolling〉

❷ **승강키(elevator)**: 수평꼬리 날개에 붙어 있으며, 좌우 2개의 승강키가 함께 움직인다. 조종간을 앞으로 밀면 승강키는 내려가고, 조종간을 뒤로 당기면 승강키는 올라가면서 가로축을 중심으로 한 피치운동(pitching)을 한다.

❸ **방향키(rudder)**: 수직꼬리 날개 후면에 붙어 있고, 방향 페달을 발로 움직이면 작동한다. 수직축을 중심으로 한 요운동(yawing)을 가능하게 한다.

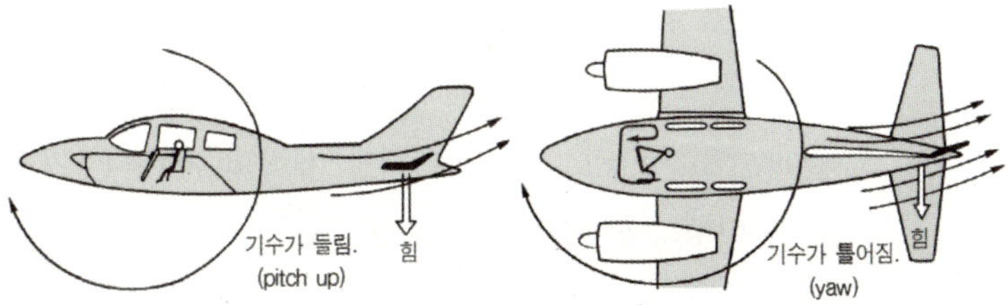

〈승강키에 의한 pitching과 방향키에 의한 yawing〉

04 Fly-By-Wire 시스템

❶ 전통적인 비행기의 조종 장치는 조종간의 움직임이 케이블을 통해 직접 유압 작동기에 전달되어 3가지 조종면이 움직이는 방식이었다.

❷ Fly-By-Wire는 조종간의 움직임을 전기적인 신호로 변환하여 제어컴퓨터로 보내면 제어 컴퓨터에 의해 조종면이 움직이도록 설계한 방식이다.

❸ 장점

- 전기적인 신호를 컴퓨터가 제어하기 때문에 소프트웨어에 의해 자동비행 조종이 가능하다.
- 기계적인 방식의 케이블의 마모, 부식 등의 결함이 사라진다.
- 전투기의 경우 급격한 기동 비행 중에도 쉽게 조종간을 움직일 수 있다.

05 Fly-By-Wire 개념도

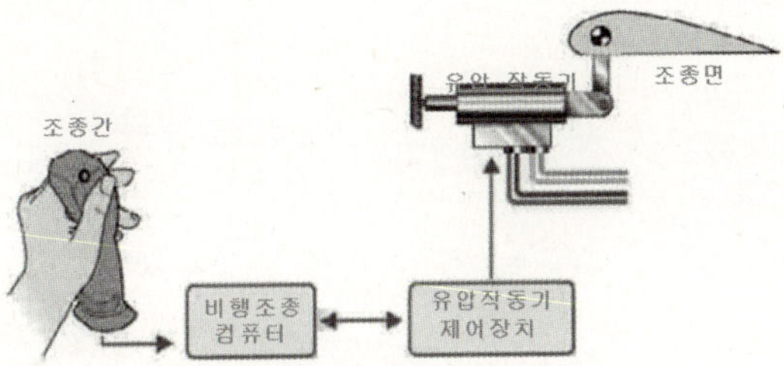

〈Fly-By-Wire System〉

06 비행 시뮬레이터 제작

아두이노를 활용하여 비행기의 Fly-By-Wire System을 구현하고, 조종간의 움직임에 따른 조종면의 움직임과 이에 따른 비행기의 롤운동(rolling)과 피치운동(pitching)이 가능한 시뮬레이터를 제작할 것이다. 지금까지 공부한 하드웨어 정보와 비행조종 계통의 기본 지식이 비행 시뮬레이터의 H/W와 S/W 구성하는데 가장 기본적인 도움이 될 것이며, 항공고 학생들이 가장 까다롭게 생각하는 비행기의 조종면과 운동에 대해 충분히 이해하는 과정이 될 것이다.

07 Thruster Lever(추력 조절장치)

Thruster Lever는 흔히 Throttle이라 불리는 장치로 항공기 엔진의 추력을 조절하는 장치이다.

〈Thruster Lever와 항공기 엔진〉

2 하드웨어 구성

01 Thruster Lever와 엔진 구성

1) 구성도

앞에서 설명 되었듯이 오른쪽의 Thruster Lever를 움직이면 dc 모터의 속도가 직접 제어가 된다.

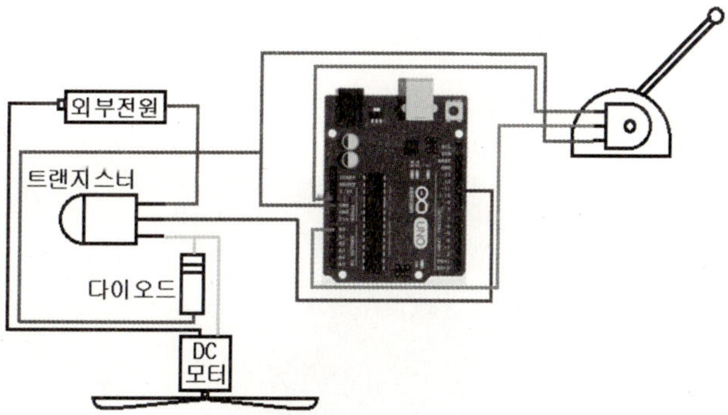

〈전체 구성도〉

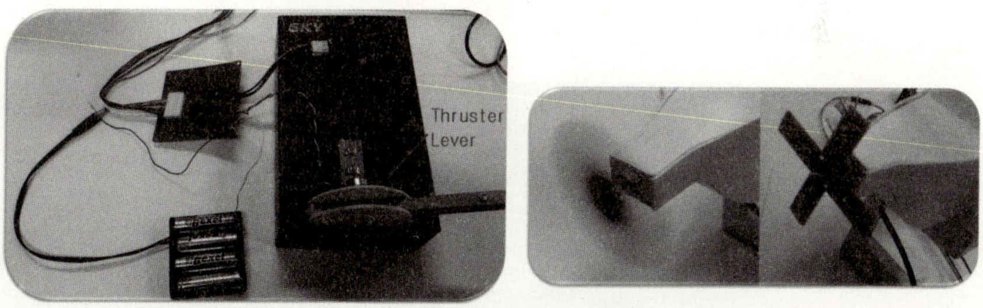

〈Thruster Lever와 엔진의 속도 제어〉

02 조이스틱과 조종면 움직임

1) 구성도

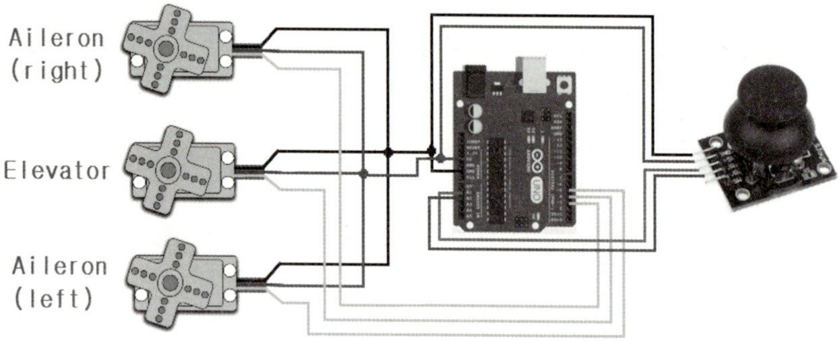

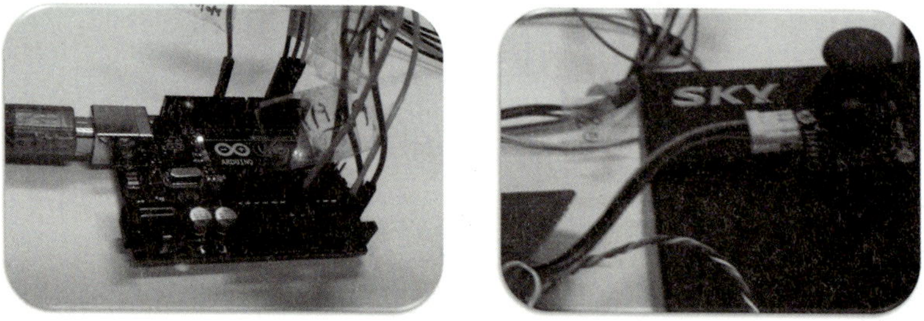

〈조이스틱과 조종면 서보모터의 구성〉

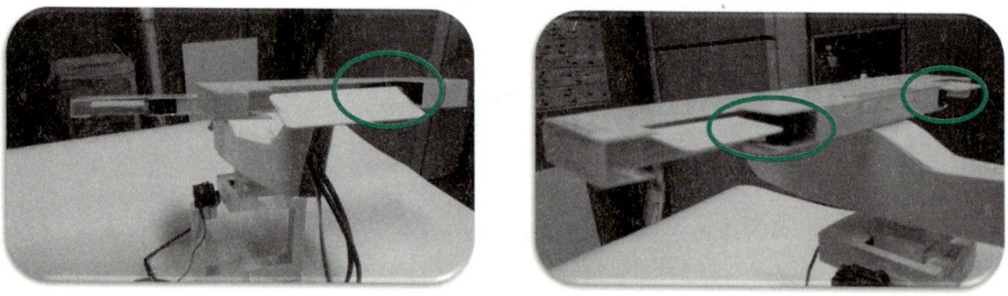

〈조이스틱과 서보모터의 연결〉

2) 조이스틱과 조종면의 움직임(Aileron)

(a) 조이스틱 중립상태 : 조종면이 평평한 중립상태이다.

(b) 조이스딕 오른쪽 기울임: 왼쪽 Aileron는 올라가고 오른쪽 Aileron는 내려간다. 비행기는 뒤에서 보았을 때 빈시계 방향으로 회전하게 된다.

(c) 조이스틱 왼쪽 기울임: 왼쪽 Aileron는 내려가고 오른쪽 Aileron는 올라간다. 비행기는 뒤에서 보았을 때 시계 방향으로 회전하게 된다.

〈조종에 따른 Aileron의 움직임 단계〉

4) 조이스틱과 조종면의 움직임(Elevator)

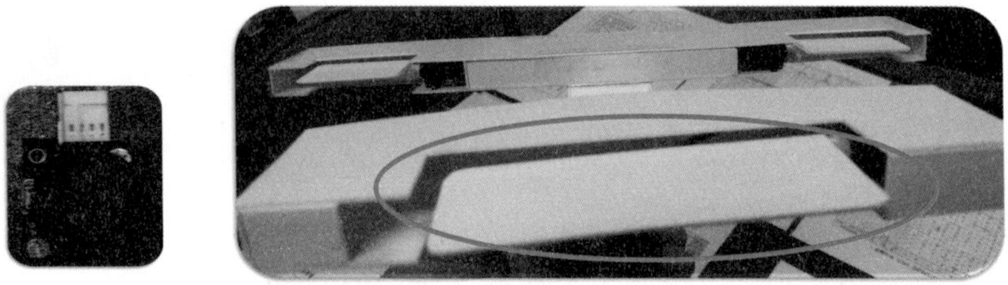

(a) 조이스틱 중립상태 : 조종면이 평평한 중립상태이다.

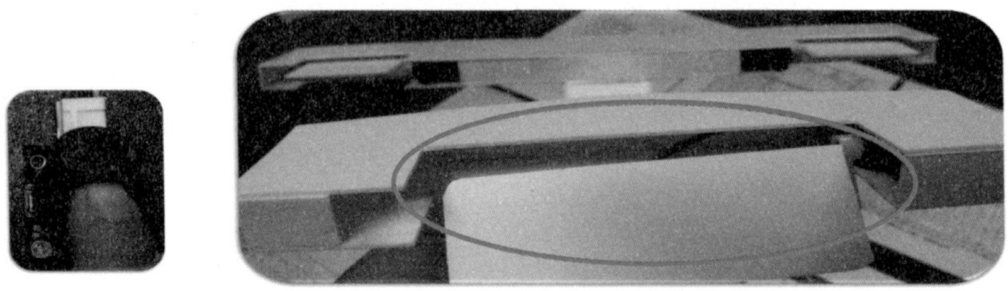

(b) 조이스틱 앞쪽 기울임 : Elevator가 아래로 내려가고 비행기는 하강비행을 한다.

(c) 조이스틱 뒤쪽 기울임 : Elevator가 위로 올라가고 비행기는 상승비행을 한다.

〈조종에 따른 Elevator의 움직임〉

03 전체 구성

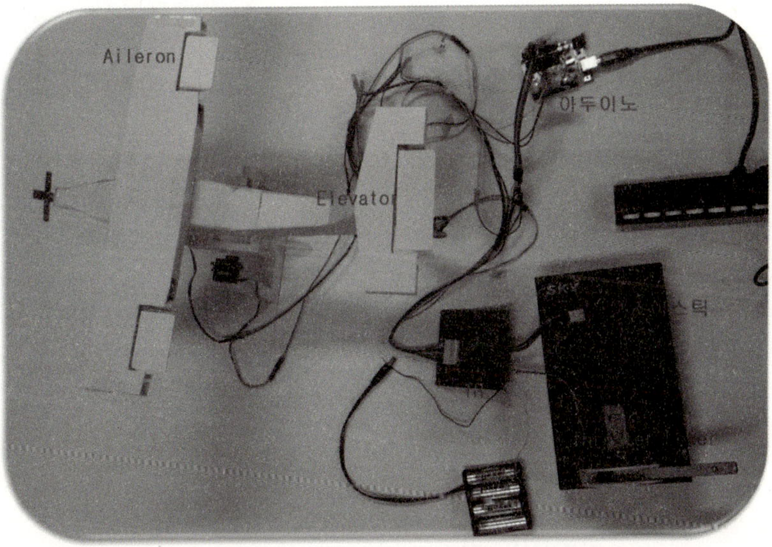

〈비행 조종 시뮬레이터 전체 구성〉

전체 구성을 살펴보면 비행기 하단에 서보모터가 추가로 장착되어 있고, 설명이 되어 있지 않은 구조물이 보인다. 지금까지는 조이스틱에 의해 조종되는 단순한 조종면의 움직임이었고, 여기에 실제로 비행기 동체의 움직임까지 가능하도록 2축에 대해 별도의 서보모터를 장착하여 비행기의 자세까지 변화되도록 기능을 추가할 것이다.

04 비행기 자세 변화 모듈

1) 개념

비행기 하부에 자이로와 같은 2축 구조를 제작한다. 이 축에 서보모터를 연결하여 2개의 축에 대해 비행기의 자세가 변화되도록 구성한다.

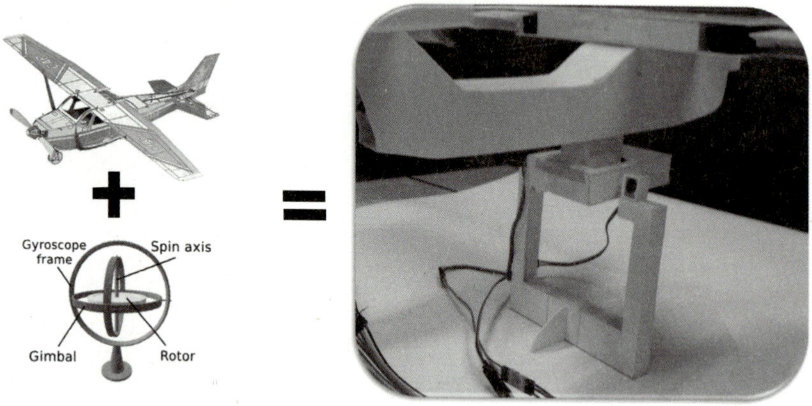

〈비행기 자세 변화 모듈〉

2) 주요내용

❶ 2개의 서보모터가 추가로 사용되었으며, 모터는 별도의 제어를 하지 않고 조종면과 병렬 연결하여 구동 된다.

❷ 전류 부족이 염려되면 외부 전원을 이용할 수 있는 유전원 USB 허브를 준비한다.

〈유전원 USB 허브〉

3) 구성도

❶ 하부에 Aileron 자세, Elevator 자세 2개의 서보모터가 추가되었다.

❷ 잘 살펴보면 각가의 서보 모터는 Aileron과 Elevator에 병렬 연결되어 조이스틱의 움직임에 따라 단순히 같이 움직이도록 구성하였다.

❸ 별도의 입출력 라인을 설치하고 프로그램 코딩도 추가해야 하지만 배선이 복잡해지고, 무게가 증가할 우려가 있어 병렬로 연결 동작하도록 하였다

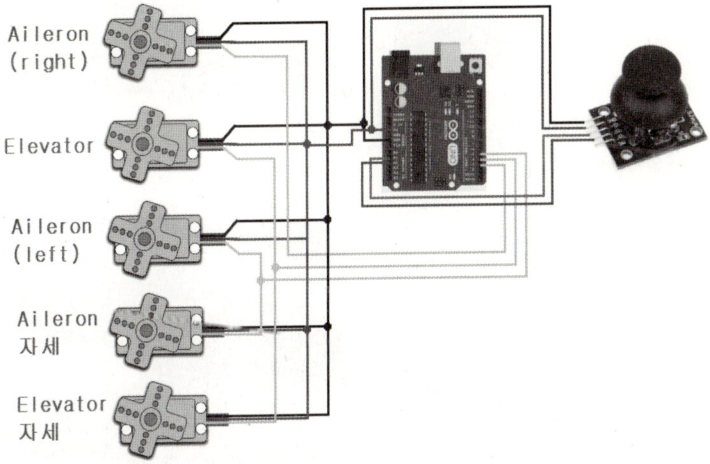

〈자세 제어 모듈 구성도〉

4) Aileron 실제 구성 : 도움날개(Rolling 운동)

조이스틱 중립위치: 비행기 수평상태 유지한다.

조이스틱 왼쪽 기울임: 비행기의 자세가 왼쪽으로 기울어진다.

조이스틱 오른쪽 기울임: 비행기의 자세가 오른쪽으로 기울어진다.

〈조이스틱에 따른 Rolling운동〉

5) Elevator실제 구성: 승강키(Pitching 운동)

조이스틱 중립위치: 비행기 수평상태 유지한다.

조이스틱 앞으로 기울임: 비행기의 자세가 앞쪽으로 기울어진다.

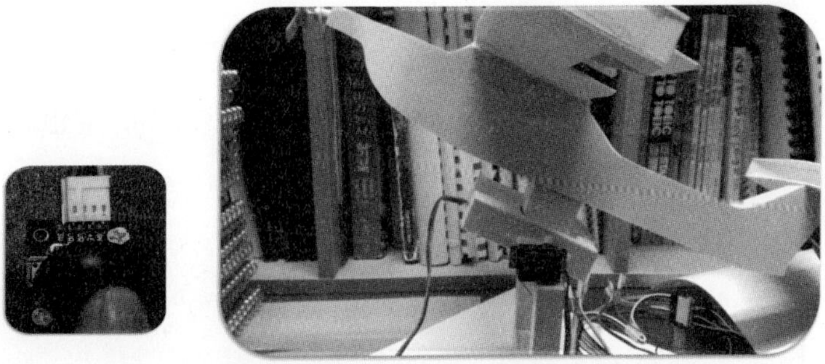

조이스틱 뒤로 기울임: 비행기의 자세가 뒤쪽으로 기울어진다.

〈조이스틱에 따른 Pitching운동〉

05 전체 구성

1) 구성도

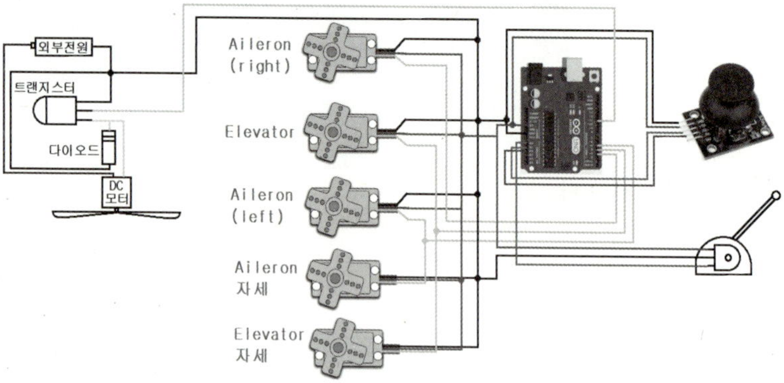

〈비행기 비행 시뮬레이터 구성도〉

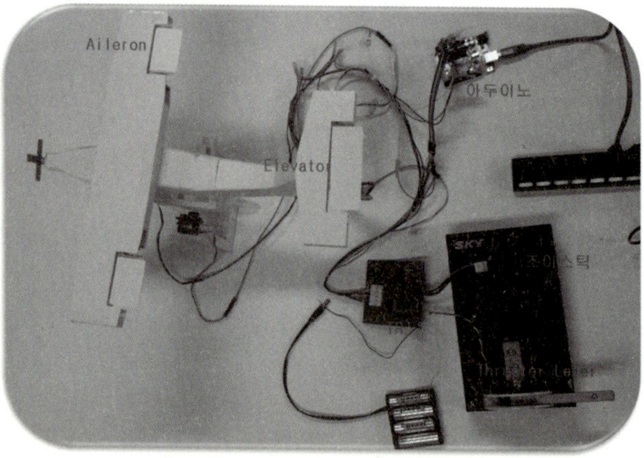

〈실제 제작한 비행기 시뮬레이터 〉

3 소프트웨어 구성

01 비행기 시뮬레이터 소프트웨어 구성

1) 프로그램 작성

```
#include<Servo.h>
/* 서보모터 사용을 위한 헤더 파일을 불러 온다. */

int VRx = A2;
int VRy = A1;
/* A1, A2 입력단자에 가변저항의 입력을 받는다. Aileron은 VRx, Elevator
는 VRy로 정한다. */

Servo myservo;
Servo myservoo;
Servo myservooo;
/* 서보모터 3개를 지정 한다. myservo는 Elevator이며, myservoo와 my-
servooo는 Aileron을 위한 2개의 서보모터이다. */

void setup() {
  myservo.attach(3);
  myservoo.attach(4);
  myservooo.attach(5);
/* 서보모터 3개를 각각 아두이노의 3,4,5 단자에 연결한다. */
}
void loop(){
  analogWrite(11,map(analogRead(A0),0,1023,0,255));
/* dc모터 회전수 제어 부분, 2장 TR을 이용한 dc모터 속도제어 부분 참조. */
```

```
  int xdir = analogRead(VRx);
  int ydir = analogRead(VRy);
/* VRx, VRy의 입력값을 int(정수형)로 xdir, ydir로 변환. */
   int val = (xdir*20.0)/256.0;
   int vall = (ydir*20.0)/256.0;
 /* xdir과 val이 최대값이 다르므로 20을 곱해 256으로 나눈다. */

  myservo.write(val);
  myservoo.write(vall);
  myservooo.write(vall);
 /* val값들을 서보모터로 전송하여 서보모터를 제어 한다. */

}
```

〈비행기 시뮬레이터 프로그램〉

02 제한사항

1) 비행기는 X, Y, Z 3개의 축을 기준으로 3개의 조종면이 있어 조종간 조작에 따라 각각의 축을 기준으로 옆놀이(Rolling), 키놀이(Pitching), 빗놀이(Yawing)의 운동을 하게 되며 각각의 운동은 다음 표와 같이 조작할 수 있다.

항공기축	세로축 (longitudinal axis)	가로축 (lateral axis)	수직축 (vertical axis)
조종면	도움날개(aileron)	승강키(elevator)	방향키(rudder)
운동	롤(roll)/옆놀이	피치(pitch)/키놀이	요(yaw)/빗놀이
조작	조종간을 좌우로 조작	조종간을 앞뒤로 조작	방향 페달을 조작

〈조종간과 비행운동의 관계〉

2) 조이스틱(조종간)을 이용해서는 세로축과 가로축에 대해서만 조작이 가능하고, 수직축에 대해서는 조종사가 발로 Pedal을 좌우 번갈아가면서 밀어 조작을 해야 하는데, 조작과 구현에 어려움이 따라 이 실험에서는 생략하였다. 3개의 조종면이 아닌 2개의 조종면과 축에 대해서만 교육진행이 가능하다.

〈실제 F-5E 전투기 조종석 페달〉

찾아보기

저자 약력

이혁수

국립안동대학교 전자공학교육과

정가 15,000원

스크래치 + 아두이노 = 코딩놀이터

2017년 1월 20일 초판 인쇄
2017년 1월 31일 초판 발행
저　자 : 이혁수
발행자 : 우명찬 · 송　준
발행처 : 홍릉과학출판사
주　소 : 서울시 강북구 인수동 455-60
01093
등　록 : 1976년 10월 21일 제5-66호
전　화 : (02) 999-2274~5, 903-7037
팩　스 : (02) 905-6729
e-mail: hongpub@hongpub.co.kr
http://www.hongpub.co.kr
ISBN: 979-11-5600-492-9

저자와의 협의하에 인지생략